デキない人のお金の使い方
デキる人のお金の使い方

柴田博人 × 竹松祐紀

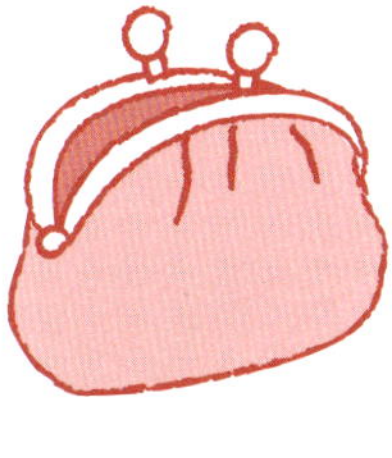

CCCメディアハウス

はじめに——1本の稲から始まる富

昔むかし、ある若者が観音様にお願いをしました。

「どうかお金持ちになれますように」

すると、観音様が言いました。「ここを出て最初につかんだ物が、お前を金持ちにしてくれるだろう」

若者は喜んでお寺を出たところ、石につまずいて転んでしまいました。その拍子に、若者は1本のわらしべ（稲穂の芯）をつかみました。

「観音様がおっしゃった『最初につかんだ物』ってこれのこと？　これで金持ちになるとは、とても思えないけど……」

首をひねりながら歩いていると、1匹のアブが飛んできました。若者はアブをつかまえて、わらしべに結びつけました。しばらくすると、向こうから立派な牛車がやってきて、なかに乗っていた子どもが言いました。「そのアブがほしいな」

若者がアブを結んだわらしべをあげると、家来がお礼にみかんを3つくれました。

「わらしべがみかんになったな」

さらに歩いていると、道端で女性がひとり、のどが渇いたと言って苦しんでいます。

「このみかんをどうぞ」

若者が差し出したみかんを食べて、女性は元気になりました。そしてお礼に、美しい布をくれました。

「今度は、みかんが布になったな」

若者はまた歩き始めましたが、馬が倒れて困っている男性に出会いました。

「どうしました？」

「馬が病気で倒れてしまったのです。町まで行って、布と交換する予定だったのに。今日中に布を手に入れないといけないのですが」

「では、この布と馬を交換してあげましょうか？」

若者が言うと、男性は大喜びで布を持って帰りました。馬は、若者が水をやったり体をさすったりすると、たちまち元気になりました。よく見ると、大変立派な馬です。

「今度は、布が馬になったな」

馬をつれて若者が歩いていると、今度は引っ越しをしている家がありました。そこの主人が、若者の立派な馬を見て言いました。

「急に旅に出ることになって馬が必要なのだが、その馬を私の家や畑と交換してくれないか？」
こうして若者は、立派な家と広い畑を手に入れて、大金持ちになりました。

＊＊＊

「お金の話の本なのに、なぜ昔話？」と思ったかもしれません。これは、『わらしべ長者』という物語です。

実は、この話は、ゼロから多くの富を手に入れ、さらに富を増やし続ける方法を語っています。実際、ゼロから富を作り出し、その富を長期的に維持していく人というのは、基本的に、この「わらしべ長者」がやっていることを実行しているのです。

そのキーワードは「交換」です。実は、**富を作るのは交換のゲームなのです**。

わらしべからスタートして、大きな家を手に入れた若者のようになるには、あなたは何と何を「交換」していけばいいのでしょうか？　それをこれからお教えします。

貯金するから豊かになれない――誰も言わないお金の話

「貯金するほど人生が破たんします」

もしそう言われたら、あなたはどう思いますか？もちろん、すべての人が破たんするという話ではありません。ですが、実は世の中の95％の人は、節約して貯金をしても、人生が破たんしてしまう可能性が高いのです。なぜなら多くの場合、堅実に貯金してお金を貯めても、老後の人生に使う費用が足りないからです。

誰でもいつかは働けなくなります。通常は65歳で定年退職ですが、働けなくなった後も、20年以上の生活を支えるためのお金が必要です。年金の支給も、少子高齢化の影響で今では65歳からになり、今後さらに遅らせることも検討されています。

そのほかにも、人生には様々なイベントがあります。結婚、出産、そして子供の教育……。教育費だけでも、すべて国公立に通ったとしても一人当たり約1000万円のお金が必要になります。私立に通ったり、自宅以外から通ったりすれば、さらに必要です。

これらのイベントに対して、あなたはお金を貯めることで、必要な資金をまかなおうと思うかもしれません。しかし、普通にお金を貯めていっても十分な金額が貯まらず、生活に困ることになる人は多いのです。これは非常に不都合な真実であるため、多くの場合、語られることがありません。

一方、世の中には一般的な給料をもらいながら、いつの間にか非常に裕福になる人もいます。彼らが何をしているのかというと、実はお金を「貯め続ける」のではなく、「ある形で使う」だけ。普通とは違うお金の使い方をするだけで、自然と多くの富を引き寄せているのです。その秘密を、「デキる人のお金の使い方」として具体例でお伝えするために、4つの映像をお届けします。

・なぜ貯金することが人生の破たんにつながるのか?
・貯金せずに、どうすれば破たんを回避できるのか?
・豊かな人生を手に入れるには、具体的にどんなお金の使い方をすればいいか?

こんなお話を、68分の解説映像でお届けします。特典映像は、スマートフォン、タブレット、パソコンで今すぐご覧いただけます。詳しくは巻末のご案内、または、付録CD-ROMの盤面をご覧ください。

Contents

デキない人のお金の使い方

デキる人のお金の使い方

「お金のない世界」を知る

お金というものを考えていくとき、なぜお金ができたのか、という話をはずすことはできません。なぜなら、お金とは何なのかがわかっていないことで、お金に困っている人が多いからです。

今でこそ、私たちが生まれたときから当たり前にあるお金ですが、昔はお金という概念はありませんでした。それでは、**なぜお金というものができたのか？**　まずは、その秘密をひもといていきましょう。

人はもともと、物と物を交換することによって生活していたとされています。ある農家では米が採れた。ある漁師は魚を獲っている。そのとき、相手の米や魚がほしくなったら、どうするでしょうか？

しかも、お金がない時代に、です。

お金を使わないわけですから、何かと交換をするしかありません。たとえば、米を作っている人が魚を食べたいと思ったとき、「米をあげるから魚を分けてください」と言うかもしれません。

そのとき、魚を持っている人が「私もちょうど米がほしかったので、魚と交換をしましょう」と言いました。すると、交換が成立です。魚とごはんのおいしい食事ができあがります。

お金がない時代に何かを手に入れるということは、基本的に、このような物と物の交換をしていたのです。食べ物であったり、生活に使うものであったり。そういうものを交換していた時代があるのです。

それでは、もしあなたがお金のない時代に豊かになろうとしたら、どうすればいいでしょうか？　物と物を交換する時代に、どうすれば豊かになっていくでしょうか？　つまり、交換すればするほど、物が溢れかえるようになるには、どうしたらいいのでしょうか？

とても大事な質問ですから、ちょっと考えてみてください。

すぐにわかる人もいるでしょう。答えは、**他の人がほしがる物を持っていて交換してあげられる人になる**こと。もしくは、**他の人がほしいであろうものを予測し、それを探してきたり、ほしがられるものを作れたりする人になる**こと、です。

今がお金の使えない時代だと仮定してみてください。あるとき、大寒波が襲ってきて、ほとんどの農作物が枯れてしまいました。

今でこそ、流通や保存の技術が発達していますし、どの家にも冷蔵庫がありますから、野菜が食卓から消えるなんてことはないでしょう。しかし昔は、流通も保存の技術も発達していません。だから、農作物を収穫できなければ野菜は一切食べられない、なんてことはふつうにありました。

そんななか、もしかしたら大寒波が来るかもしれないと考えたある男は、大寒波が来る前に多くの野菜を塩漬けにして保存して取っておきました。

普段なら、カゴ1杯の野菜は魚1尾と交換できました。しかし野菜不足のさなかでは、魚10尾でもほしいという人も出てくるでしょう。そうすると、本来はカゴ1杯の野菜が、カゴ10杯の野菜の価値になるということなのです。

あるいは、干ばつ続きで水が涸れてしまったとします。本来、樽1個の水は肉1切れと交換するところ、干ばつでみんなが水をほしいとなったら、肉10切れでも20切れでもほしいという人が出てきます。これは現代でも、ケースは違えどよくある話です。

このように、物と物とを交換するだけの世界でも、**人がほしがる物を持っている人、交換が上手な人が豊かになっていく**、という原理があります。この原理を理解することができれば、あなたは現代において「お金持ち」と呼ばれる人になれるのです。

お金はかつて「交換の道具」だった

先ほどは、物と物を交換していた時代のお話をしました。しかし、お金は出てきませんでした。そこで、続きのお話です。

物と物を交換するだけでは、だんだんと不都合が生じてきました。それは主に、次の3つの場面です。

- 交換したい物が一致しない
- 価値が一致しない
- 価値の保存がきかない

物同士の交換は、お互いに必要性があったときにしか交換が成立しません。米がほしい人が魚を持っていて、反対に魚をほしい人が米を持っている、という場合です。これなら、お互いがほしい物を相手が持っていますから、交換が成立します。

しかし、米がほしい人が魚を持っていて、魚がほしい人がジャガイモしか持っていない、という場合もあります。これでは、ほしいものとあげるものが違うので、交換は成立しません。

これが、最初の不都合である、交換したい物が一致しない例です。

ふたつめは、お互いがほしい物を持っているけれど、その価値が一致しない場合です。豚1頭を水100樽で売りたいのに、豚を買いたい人は水1樽しか持っていないとか、豚を買いたい人は1頭丸ごとではなく、豚肉を皿にひと盛りほしいだけ、といった場合です。

物は一致しても、その数や量の価値が一致しないので、交換ができない不都合です。

みっつめは、交換するのが腐ってしまう物の場合には「価値の保存ができない」という不都合も起こります。魚や肉、野菜などの生鮮物を生活の糧《かて》としている人は、どんなに働いても端から腐っていってしまい、必要なときに必要な物と交換できません。

これらの不都合を解消するために、かつての日本では米が使われるようになりました。どんな物と交換する際にも、間に「米」を挟むことで、交換を容易にしたのです。イモ10個は米1俵、牛1頭は米20俵……というように、米俵の数で、その物がどれくらいの価値なのかを表現しました。

これによって、交換の度にいちいち悩むこともなくなり、だれもが同じ基準で交換できるので交換のスピードも速くなりました。しかも米は長持ちしますから、保存が利く点も便利です。

その後、金を含んだ金属を小判という形に加工して、貨幣が流通するようになります。一説では、小判のデザインは米俵からきている、という話もあります。

お金は「交換」するためにある

だれにでもわかる価値＝お金

同じことが世界各地で起こりました。稀少で、保存ができて、持ち運びに便利な物が、日本の米と同様の役割を果たします。貝殻であったり、石であったり。これによって、物と物を直接交換するよりも、便利で公正な交換ができる世界になっていったのです。

これが、「お金」という概念です。

そして、ここで理解してもらいたいのが、お金の役割です。大事なのは、お金の主たる目的。それは「交換」です。**交換されないお金は、お金ではありません**。交換されてはじめて意味があるのです。

そして、その交換したお金の価値が下がってしまうと困るから「保存」できるようになっているのです。不一致をなくし、価値を一定にすることは、「交換」の機能です。そして、その機能を長く活用するために「保存」があるのです。

お金の目的は「交換」であり、**交換させないとお金本来の価値が発揮されない**、ということをぜひ覚えておいてください。

大事なことなので改めて言いますが、お金本来の意味としては「交換」が主であり、「保存」は従なのです。

022

貯金するから豊かになれない

あなたは「お金持ちになりたい」と思ったなら「お金を貯めればいい」と思っていませんか？　無駄遣いをしないように心がけて、コツコツと貯金をしていけば、いつか必ずお金持ちに近づける……と信じている人は結構多いのではないでしょうか。

残念ながら、それは大きな間違いです。

もしあなたが、豊かな生活をしたい、そのためにより多くのお金を手に入れたいと思うのであれば、お金を貯めていてはいけません。

もちろん、節約して地道に貯金していけば、銀行の預金残高は増えます。でもそれが、自分が夢見るような生活ができるくらいの資産になるまでには、とてつもなく長い道のりが待っていることも、多くの人が実体験としてわかっているでしょう。

それどころか、いつまで貯めても必要十分な金額に届かない人も多いのではないでしょうか。

たとえば、コツコツと節約し、毎月10万円を貯めていけば、1年で120万円になります。これを10年続けると1200万円です。もしあなたが今30歳だとして、あと30年間働くとしましょう。すると、30年で3600万円の貯金ができます。

たしかに、大きな金額ではあります。しかし、これだけでは人生を豊かに暮らしていくことはできない、という現実があるのです。

厚生労働省のデータによると、日本人の平均寿命は、男性80歳、女性は86歳。でも、これは平均値です。当然ながら、すべての男性が80歳まで生きて突然死ぬわけではありません。もっと若くして亡くなる場合もあれば、90歳、100歳まで生き続ける場合もあります。

その一方で、現在の日本では、60歳まで生きた人は、大体85歳まで生きるとされています。つまり、**60歳で仕事を引退したあと、さらに25年間の生活が残っている**のです。

ではここで、毎月いくらのお金が生活に必要なのかを見てみましょう。

総務省が出した「家計調査報告」（2015年平均速報）によると、高齢世帯などの無職の夫と妻という2人の家計で、ひと月に約25万円の支出をしているそうです。つまり、年間では300万円。

ということは、**3600万円の貯金は、12年で使い切ってしまう**、ということです。

しかも、今30代や40代の私たちが将来、年金をもらう年齢になったとき、そもそも年金が支給されるのかどうか、非常に疑わしいと言わざるを得ません。

そうは言っても（あるいは、そうだからこそ）、最近の将来に対して不安になるよう

30歳から毎月10万円貯金すると

月10万円×12か月=120万円

↓

年120万円×30年=貯金3600万円

↓

<60歳で引退>

↓

生活費:月25万円×12か月=300万円

貯金3600万円÷年300万円=12年

72歳で貯金は底をつく

でも日本人の平均寿命は男性80歳、女性86歳。

残りの人生、どうやって生きていく?

なニュースを見ると、多くの人が貯金をしたがる気持ちもわかります。

それに私たちも、貯金に励むことは素晴らしいことだと教育されてきました。貯金できることが優秀な人間の証しであり、貯金できないのはダメ人間だというような教えも受けてきたように思います。

しかし、ここまでお話ししてきたように、**どうやらお金というのは、そもそも貯めておくだけでは思ったほどの幸せを持ってきてはくれない**ようです。貯めておくこと自体はいいのですが、結局は何かと交換することが、お金という道具の使い方なのです。

そして、お金の世界で成功する人間というのは、お金を何かと交換するのが上手な人間なのです。

一定期間であれば、貯金をしてもいいでしょう。しかし、その貯金は、いつか何かと交換するためのものです。それに、一生節約して貯金して、老後の安定のためだけに今を生きるなんて、つまらないじゃないですか。

本書のタイトルにある「デキない人のお金の使い方」とは、第一に「お金を貯めること」なのです。

「お金を大切にする」は貯金ではない

028

渋沢栄一《しぶさわえいいち》という人物をご存じでしょうか？　第一国立銀行（現みずほ銀行）や東京ガス、東京証券取引所など数々の企業の設立に関わり、「日本資本主義の父」と言われる人物です。彼は、実に５００以上の大企業を世に送り出しています。

「経営の神様」として世界的に有名な経営学者、ピーター・F・ドラッカーは、渋沢栄一をこう言って称賛しています。「渋沢は思想家としても行動家としても一流である」

その渋沢栄一は、「お金を大切にする」ということに関して、こんなふうに言っています。

名医が手術の時に使って患者の命を救った「メス」も、使い方を間違えると人を傷つける道具になる。これと同じように**我々はお金を大切にし、正しいことに使うよう心がけなければならない**。そうすれば社会は活発になり、経済界も進歩することになる。ところが、なかには『お金を大切にする』ということを曲解し、無闇に使うのを惜しむ人がいる。若者は、浪費家にならないことを心がけると同時に、守銭奴にもならないよう注意しなければならない。

『渋沢栄一巨人の名語録』（本郷陽二・著／PHP研究所）より

お金を「使う」ことと「貯める」ことは、正反対の行為です。それでも、どうしても「お金を貯める」という意識から抜け出せない人もいます。

そういう人は、「お金を貯めなくてはいけない」という思い込み以上に、お金を貯めることを「正しいこと」、つまり「美徳」だととらえているのです。ただ、ここであえて言うと、やみくもにお金を貯めることは「悪」だととらえてもらいたいのです。

でも、ふつうは「貯金は美徳」ととらえても仕方ありません。子どものころ、両親や学校の先生などから「お金は大切にしなさい」と言われて育ってきたからです。

大人になって、自分の子どもに同じように言っている人も多いと思いますが、そもそもこの言葉の意味をきちんと考えたことはあるでしょうか?

たしかにお金は大切なものですから、この教えは正しいと言えます。

でも、多くの人が間違っているのは、「大切にする=使わずに大事にとっておく」と解釈している点です。「お金を大切にしなさい」とは、決して「使ってはいけない」ではありません。「**お金を大切に『使いなさい』**」と言っているのです。

つまり「使う」のが大前提であって、「使わないでとっておけ」は大間違いなのです。

自分が使うことではじめて、そのお金はだれかの収入になり、だれかが使ったおかげで、今自分のもとにお金があります。

あなたがお金を使って物を買えば、そのお金がその会社に入り、従業員の給料になります。彼らは、「あなたが使ったお金」のおかげで生活することができるのです。

反対に、あなたが勤めている会社の売上は、別の会社やお客様など、だれかが使ったお金です。あなたの給料は、この「だれかが使ってくれたお金」から出てくるわけです。

あなたが使ったお金によって、世の中のだれかの生活が支えられています。それと同様に、だれかが使ってくれたお金によって、あなたの生活が支えられているのです。

社会の中でお金を使わないで「貯めて」おこうとする人が増えれば増えるほど、当然ながら、あなたの会社の売上は落ちます。経済全体が停滞します。そうなれば、あなたの給料にも影響が出てくる、ということです。

お金を「貯める」ということは、お金を「使わない」ということ。自分のもとに入ってきたお金を一切外に出さず、本来なら他のだれかのもとへ行くはずだったお金を「死に金」にしているのです。そして、それは決して「美徳」とは言えないのではないでしょうか。

とはいえ、「もっとお金を使え」と言われても、なかなかすぐには納得できないかもしれません。だからまずは、「お金を貯めることは正しい」という間違った認識から抜け出しましょう。

お金は、バットや包丁と同じ

032

どんな世界においても、その道のプロフェッショナルと呼ばれる人は基本的に、道具の使い方が上手な人です。バットの使い方がうまい人が野球選手に、包丁の使い方がうまい人が料理人に、レーシングカーの使い方がうまい人がレーサーになれるのです。

お金の世界では、お金が道具そのものです。だから、**お金の使い方がうまい人が、お金持ちになれます**。単純に聞こえるかもしれませんが、これは、多くの人が見落としている重要な真理のひとつと言えます。

お金には「交換」と「保存」という2つの機能があると先にお話ししましたが、**お金持ちになるにはまず、「交換」の能力を高める必要があります**。なぜなら、交換によってお金を手に入れてからはじめて、「保存」ができるからです。

そして**交換には2つの側面があり、それが「稼ぐ」と「使う」です**。交換する能力を高めるには、この2つの経験を積み、お金というものを学んでいくほかありません。

そして、多くの人は、「稼ぐ」の手段を簡単に変えることができません。なぜなら、昨日は自動車メーカーに勤めて、今日はお花屋さん、明日は遊園地に勤める……などということは、ふつうはできないからです。

だから、「稼ぐ」能力を高めるような経験は、なかなか積むことができません。

でも、「使う」に関してはいろいろな経験はできます。新卒のサラリーマンのようなお金の使い方もできますし、家庭をあずかる主婦のようなお金の使い方も部分的にはできるでしょう。どこかの社長さんのような使い方もできるかもしれませんし、投資家のような使い方もできるはずです。

わかりやすく言うと、だれでも今日から、お金を減らす使い方もできれば増やす使い方もできるのです。

そして、**「使う」の能力を高めることは、「稼ぐ」のトレーニングにもなります**。どういうことかと言うと、たくさん稼ぐ人は、お金を使ってもらうことが上手な人です。だれかがお金を使ってくれたから、それを受け取って稼げるからです。

要するに、**お金を使う側の都合や理由、もっと言うと、お金を使う深い心理がわかれば、稼ぐことはもっと簡単になる**のです。

投資家も「交換」の能力に優れています。私たちの友人は、その能力で50万円を1か月で1億円にしました。ＦＸという通貨トレード（交換）だけで２００倍にしたのです。こうした能力は、一度身につければなくなることもなく、だれも奪うことができないので、そのおかげで彼は毎年大きなお金を稼ぎ続けています。

別の友人は、小さなお金でパソコンのシステムを作り、それによって大きなお金を手にしています。お金を人件費として使って（＝人に交換して）システムを作って稼いでいるのであって、決してコツコツ貯めたお金で豊かになったわけではありません。

しかし多くの人は、「交換」ではなくて「保存」（いかにお金を貯めるか）のほうに関心が高いようです。でも実際には、「交換」の能力で稼いだ人が、その次に身につけなければいけないのが「保存」の能力です。お金持ちになるための、お金を取り扱う順番が違うのです。「交換」の「稼ぐ」「使う」という両輪を学び、その後で「保存」の能力を高める必要があるのであって、この順番を間違えては、お金持ちにはなれません。

そして、「稼ぐ」よりも「使う」のほうが能力を高めるハードルが低いのです。だから、**「使う」でトレーニングを積んで「交換」の能力を高めることが、お金持ちへのいちばんの近道**なのです。そして、「使う」の達人は「稼ぐ」の達人、つまり「デキる人」であることは、真のお金持ちはみんな知っています。

しかも幸運なことに、他の世界に比べてお金の世界は、ふつうの人でも成功者になれる可能性が非常に高いと言えます。オリンピックスポーツなんて、4年に一度の大会で1位になってやっと認められる世界です。でも、お金の世界なら、ある地域の100位に入るだけでも、立派な成功者です。

そして、どんな世界でも成功者というのは、バットや包丁、お金といった道具を「保存」しておくのが上手なのではありません。「使う」ことが上手なのです。

お金を使って、お金を増やす

お金持ちは、お金をたくさん使います。そう聞くと、「それはお金がたくさんあるからでしょ」と言いたくなるかもしれませんが、そうではありません。

実際はその反対で、「お金をたくさん使ったから、お金持ちになれた」のであり、その後もたくさん使っている人が、ずっとお金持ちでいられるのです。

と言っても、ただ使えばいいというわけではありません。ひとことで言うと、「**お金が増える使い方**」をするのです。それがつまり、「デキる人のお金の使い方」です。

お金は、「交換」という機能によって、人から人へと巡っていきます。自分が使ったお金が、いつの日か自分のもとに戻ってくることもありますし、残念ながら出ていったまま戻ってこなかったり、たとえ戻ってきても目減りしていたりすることもあります。

ちゃんと戻ってくるかどうかは、使い方次第です。

たとえば、今日使ったお金が、1年後に5倍になって戻ってくるとします。もし、そのことが事前にわかっていれば、あなたも「今日のうちにたくさん使おう」と思うのではないでしょうか。もし10倍になるなら「もっとたくさん使おう」と思うはずです。

あるいは、今日使ったお金は2倍にしかならないけれど、明日には必ず戻ってくるとしたら、どうでしょうか？　1年後の5倍にするか、明日の2倍にするか。どちらを選べば自分にとってベストの結果を得られるか、使い方をじっくり検討するはずです。

お金持ちのお金の使い方は、まさにこれです。**自分が使うお金は、その後、大きく増えて自分のもとに戻ってくる**。それがわかっているから、お金持ちはたくさんのお金を使います。そのうえで、自分にとってよりよい結果になる使い方を検討し、確実にその結果を得られる道を選択します。

そのためには、**お金を無頓着に使ってはいけません**。何に使うかだけでなく、それが自分にとってどういう意味があるのか、それによって周りにどんな影響があるのか、そして、どうやって自分のもとへ戻ってくるのか、といったことを使う段階でしっかり考える必要があるのです。

車や家などの大きな買い物をするときには、いつか中古で手放したときにはいくらで売れるだろう、などと多くの人が考えるはずです。でも、それだけでは足りません。日々の小さな支出であっても、同じように考えることで、上手なお金の使い方のスキルが磨かれていきます。

適切なタイミングで適切なところに適切な方法でお金を使うことで、2倍、5倍、10倍のリターンとなって返ってくるように、お金をどんどん使うのです。

たとえば、将来的に価値が上がって買った値段よりも高く売れるというものに、絵画やワイン、自動車や不動産などがあります。何かを学んだり技能を習得したりすることも、この分野に入ります。あるいは、レストランでの食事も、お金の使い方によっては元がとれるだけでなく、お金が戻ってきます。

一体どういうことなのか、よくわかりませんよね。でも大丈夫です。この本を読み進めていけば、この「使う」が「増える」になるカラクリがどんどんわかってきます。

お金には様々な使い方があります。人を幸せにする使い方もあれば、人を傷つける使い方もあります。お金のせいで人生を狂わされたという話はよくありますが、それ以上に、お金で救われた人もたくさんいます。

しかし残念ながら、学校ではお金の使い方について教えてくれません。なぜなら、教える資格のある人がいないからです。お金というのは、ビジネスか投資を行う人でないと、その本質については語れません。

だから、お金について学んで、お金持ちになるには、自分自身でビジネスや投資をやっている人から学ぶしかないのです。

お金との〝対等な〟つき合い方を学んだ子ども時代

私、柴田博人は東京・府中市にある建設会社の長男として生まれました。

建設会社というのは、家やビルを建てるとき、さまざまな専門業者を手配して、とりまとめる役割を果たしています。昔気質《かたぎ》の大工の棟梁から、建材メーカーの営業マン、さまざまな下請け業者の社長さんなど、毎日いろいろな人が家に出入りしていました。

小学生のころのことです。ある日、学校で同級生が「今日はお父さんの給料日なんだぁ♪」と、うれしそうに言っていました。給料日は、家にいちばんお金がある日だから、夕飯が豪華になるというのです。そこで、私も家に帰って母親に聞いたところ、「うちにとっては、いちばんお金がない日よ」と言われてガッカリしたものです。

家に出入りしている職人さんや業者の人たちは、私の父から仕事をもらう立場なので、仕事が終われば当然、父から報酬を受け取ります。だから、わが家にとって「給料」は、「もらえる」ものではなく「払う」ものだったのです。

そのことがわかったおかげで、お金というものには「払う人」と「もらう人」がいることを、身をもって知りました。

Shibata's story-1

小学生のうちから、お金に対してそんなフラットな感覚を身につけられたおかげで、学生になったころには「もらう」と「払う」の両方を経験することができました。

建設現場で力仕事のアルバイトをしたときには、自分が働いてお金を「もらう」ことをしました。それだけでなく、現場の監督さんに「今度、都庁を建設する現場に入るんだけど、忙しいから学校の友達を集めてよ」と言われて、友人たちを何か月にもわたって現場に紹介したことがあるのです。

そのときは、監督さんから友人たちのバイト代を「預かり」、友人たちに「払う」という役割をしていました。あまりに長い期間だったために、監督さんからも友人たちからも「毎回の手間があるから紹介料をとっていいよ」と言われて、人の紹介が「ビジネス」になっていた時期もあるのです。

たしかに、いきなり「明日5人お願い」と言われて電話をかけまくったり、人が足りないときには自分が現場に行ったりと、大変なビジネスでしたが、お金に対してさまざまな側面からかかわる貴重な経験につながりました。

人生の早い時期から、「もらう」「払う」というお金の両側面を経験できたことが、その後の人生でも、常にお金と対等でいられた大きな要因になっていると思っています。

なぜあなたはお金持ちになりたいのか？

そもそも、あなたはなぜ「お金持ち」になりたいのでしょうか？　それは、何らかの「ほしいもの」を手に入れるためのひとつの手段だからです。でも、お金を使わずに「ほしいもの」を手に入れられる方法はないのでしょうか。

もちろん、あります。その昔、人は物々交換によって自分の「ほしいもの」を手に入れていました。現代のように高度に情報化された社会であっても、物々交換で必要な品を手に入れたり、何かサービスをしてもらったりすることはあるでしょう。使わないゲームソフトを友人と交換したり、お弁当のおかずを交換したりするのも同じ原理です。

モノをあげるかわりに、相手に「何かしてあげる」ことで対価を得ることもできます。この場合、自分だけでなく、だれか別の人の力を借りることもできます。実は、経営者（雇い主）のやっていることは、基本的にこれです。従業員に仕事をしてもらうことで、お客様に価値を提供し、その対価としてお金を受け取っているのです。

経営者と従業員の場合は契約関係ですが、交換する両者の間に信頼があれば、同じことは可能です。いつもお世話になっているあの人のために何かしてあげよう、あの人なら信頼できるから協力しよう、そういう思いがあれば、他人のために自分という道具を提供することはあるはずです。

物や人手も、お金と同じように、ほしいものを手に入れるための道具になる、ということです。ビジネスに欠かせない重要な要素として「ヒト・モノ・カネ」という言い方をよくしますが、実際のところ、これらはすべて「資源」と言われるものです。**「お金持ち」とは、資源のうちの「カネ」の部分をたくさん持っている人**、ということです。

「資源」とは、辞書ふうに説明すると「人の生活や産業などに利用可能なもの」です。

何かをするために必要なものであると同時に、それをもっていれば自分のやりたいことや新しいことにチャレンジできるという意味で、あらゆる活動の源でもあります。

そして、**ヒト資源の中には、まわりのヒトだけでなく、あなた自身も含まれています。**

意識していないかもしれませんが、あなたの生活は「ヒト・モノ・カネ」に溢れているのです。だから、これらの資源をより多く、的確に使うことができるようになれば、多くの目標や夢を実現することができる、というわけです。

たとえば、夏休みに1週間のハワイ旅行を計画するとしましょう。ふつうは、そのためにいくら必要なのか、というカネ資源の部分をまず考えます。でも実は、他の資源を使うことも可能です。

現地に友達がいれば家に泊めてもらえたり、車を貸してもらえたり、食事もご馳走してくれるかもしれません。貯まったマイルを使って航空券代がタダになることもあるでしょう。

夏休みのハワイ旅行計画

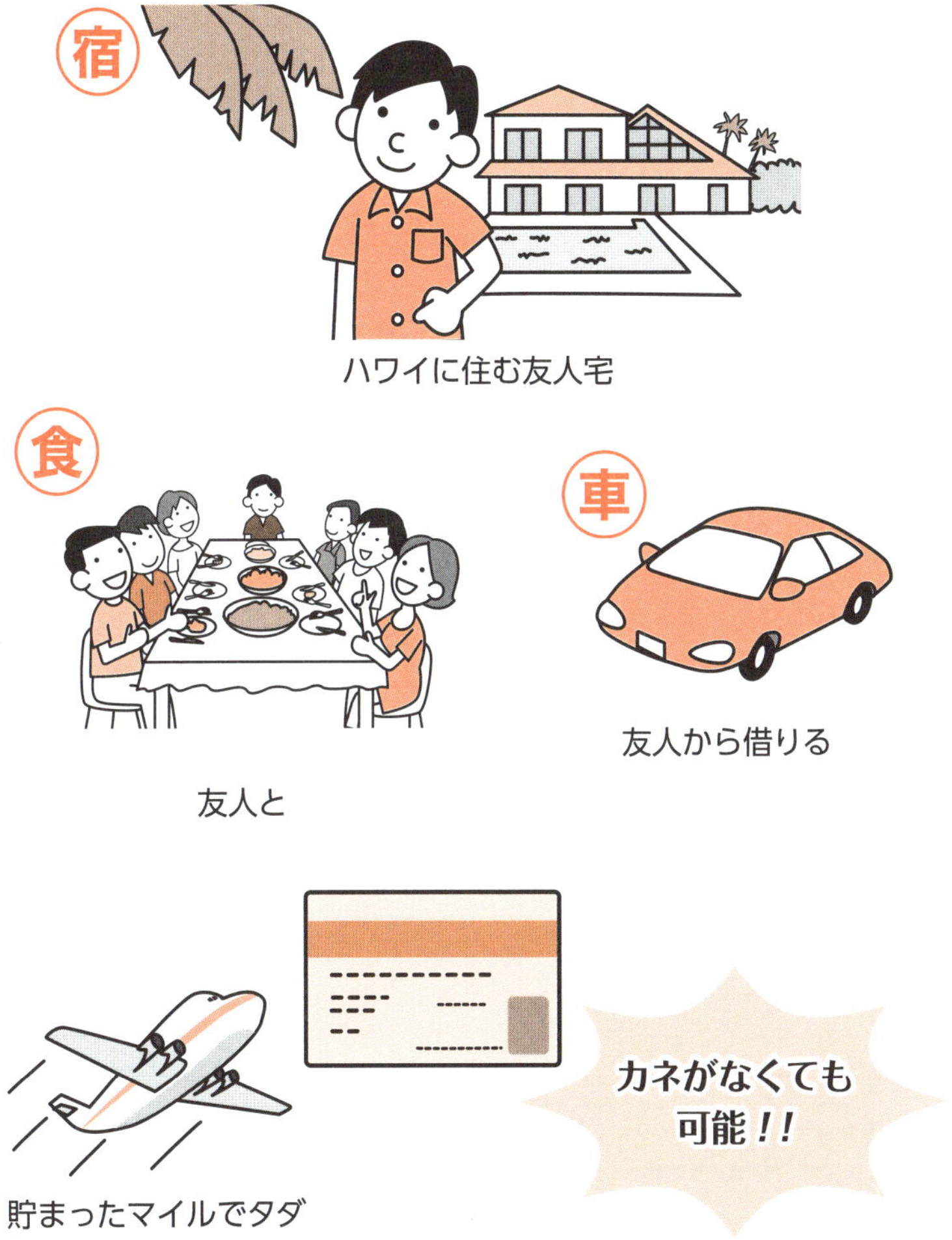

あるいは、おいしいイタリアンを食べたいとします。もちろん、お金を出してイタリア料理店で食べることも可能ですが、イタリア料理のシェフをしている友人と、八百屋の友人と、魚屋の友人に、自宅を提供するから持ち寄りパーティーをしよう、と誘うこともできます。家という資源のおかげで、おいしいイタリアンが味わえるのです。

このように、**カネだけでなくヒトもモノもフル活用することで、たくさんの目的を達成することが可能**です。

でも多くの人はカネばかりに注目して、ヒト・モノを無視しています。あなたが**お金持ちになりたい本当の理由は、お金の先に「やりたいこと」や「ほしいモノ」という目的があるから**です。それらは、ヒトやモノでも実現できるのです。

つまり、必ずしも「カネ持ち」をめざす必要はないのです。さまざまな分野の人材を集めて「ヒト持ち」になってもいいし、あらゆる種類の物を駆使できる「モノ持ち」でもいい。

もっと言うと、お金よりも、物や人手のほうがより有効に生かせる場合がほとんどです。だから、イタリアンの例のように、お金を一切使わずに目的を果たすことだって可能なのです。

何の疑いもなく、ただ「お金持ちになりたい」と思っている人は、注意してください。あなたに必要な資源が本当に「カネ」だけなのか。多くの場合、それは違うはずです。**ほとんどの人が本当にほしいのは「ヒト」「モノ」**だからです。

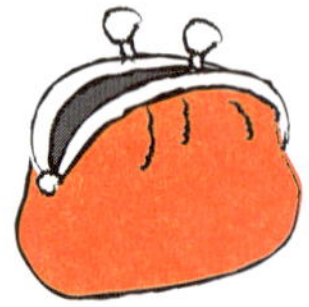

「ヒト」と「モノ」がお金を呼びこむ

資源としての「モノ」は、家や車など大きなものに限らず、身のまわりにあるさまざまな物品も当然、貴重な資源になりえます。

しかし、「何かを達成するために有効活用できるもの」という目で、それらを見ている人は少ないのではないでしょうか。ほとんどの「モノ」はお金を使って手に入れられますが、買っておしまい、ただ所有しているだけでは、まさに宝の持ち腐れになってしまいます。

株や不動産も、一見「カネ」のように思えるかもしれませんが、実態があるという意味では「モノ」です。転売を目的として手に入れた不動産物件であっても、そこに自分が住むこともできるのです。人に貸したり、子どもが独立するときに住まわせたり、「モノ」として大いに役立てられる場面は、実は多くあります。

どんなモノでも「資源」として考え、それを有効活用していくことが大切です。

一方、資源としての「ヒト」を考えるとき、すぐに思い浮かぶのは、従業員や仕事のパートナー、あるいはクライアントといった、ビジネスにおける人材でしょう。でも、それだけではありません。

たとえば、困ったときに助けてくれる古くからの友人もヒト資源ですし、悩んだときにアドバイスをくれるおじいちゃんも、大切なヒト資源です。災害などが起きた際には互いに助け合うことで困難を乗り切れる町内会の人たちもヒト資源ですし、前の項に出てきた旅先に住んでいる友人やシェフの友人などもヒト資源です。

真に豊かなお金持ちは、自分が持っている「ヒト」という資源を有効活用しています。自分が関わることができるヒト資源を使ってビジネスを展開させ、カネ資源やモノ資源だけでは実現できない目標も、ヒト資源によってどんどん達成させていきます。

こうしたことをするためには、人と人との「信頼」というつながりが必要です。そしてお金持ちの人は、その信頼を生むためにお金を使うのです。もちろん、お金を使わずにできることもたくさんありますが、お金を使って早く実現しようとするのです。

それを考えてみるには、先ほどの例で、自分を逆の立場に置いてみます。

自分が住んでいる街に旅行する友人がいたら、ただ泊めてあげるだけでなく、食事を用意したり、車で街を案内したりすれば、相手はもっと喜んでくれます。そうすれば、いつか自分が相手の街に旅行したときには、同じかそれ以上のことをしてくれることもあるでしょう。

こうした関係をたくさん築いていけば、もっと多くの街に気軽に旅行できるようになります。もし「お金持ちになりたい」ことの理由が「世界中を旅行したいから」なら、世界中に「ヒト」という資源を持つことで、その夢は叶えられるのです。

つまり、人が喜ぶお金の使い方をすると、その人との間に生まれた信頼関係によって、自分自身が活用できる資源がさらに拡大する、ということです。相手との関係がより強いものになれば、新しいチャンスにめぐりあえたり、ずっと望んでいたものを手に入れられたりする可能性が広がります。

「ヒト」という資源にお金を使うということは、「他人が喜ぶお金の使い方」をすることによって、自分の可能性を拡大することとなのです。

「他人が喜ぶお金の使い方」というと、慈善活動などを想像するかもしれませんが、一方的な無償行為のことを言っているわけではありません。「情けは人のためならず」と言うように、**相手も喜ぶし、いつか自分のためにもなるようなお金の使い方こそが、上手なお金の使い方**なのです。

お金持ちが最初に大切にすること

「ヒト」という資源を考えるとき、忘れてはならないものがあります。それは「自分自身」です。

実際、すべて思いどおりに使えるという点で、自分以上に都合のいいヒト資源はないと言ってもいいかもしれません。

自分に限らず「ヒト」という資源には、知識や経験、スキルといった目に見えない重要な要素があります。これらを生かすことで、何かを手に入れたり、目的を果たしたりすることができるので、「ヒト」は資源の要となるものです。

それだけでなく、知識や経験やスキルこそが、「ヒト・モノ・カネ」というあらゆる資源を手に入れる土台になります。

豊富な知識を持っていたり、他のだれにもない経験を積んでいたり、高度なスキルを身につけていたりすれば、それらを持っていない人よりも多くの報酬を得られます。そしてそれ自体が他人に提供できる資源になります。

どんなに便利な道具も、それを上手に扱えるスキルがなければ無用の長物で、そもそも「資源を持っている」ことになりません。株式投資でも、知識があればリスクを減らし、確実に利益を出すことができます。不動産の優良物件を見抜く目も、知識や経験によって磨かれていきます。

また、幅広い知識や経験があれば、それだけ幅広い人脈をつくることができます。

そうすれば、前項で述べたような活用ができるだけでなく、その人脈を通じて、他では手に入れられない特別なものを売ってもらえたり、時には譲ってもらえたりすることもあるかもしれません。貴重な経験をさせてくれるかもしれませんし、お客様を紹介してくれるかもしれません。

知識や経験、スキルは、自分以外のだれかが備えていても大いに活用できますが、もし自分自身に備わっていれば、いちばん都合良く使うことができます。文字どおり、自分の思いどおりに使うことができるでしょう。

しかも、知識や経験やスキルは、自分の力で増やすことができます。

「自分」という資源は、自分は一人しかいないので、そのものを増やすことはできませんが、知識や経験やスキルを増やすことで、資源としての価値を高められるのです。価値が高まれば、それを活用することで得られる資源が多くなるだけでなく、活用できる幅も広がります。

たとえば、ＩＴに関する知識が豊富な人は、それを生かした専門職に就くことで、一般職よりも高給を得られる可能性があります。

自分の価値を高める

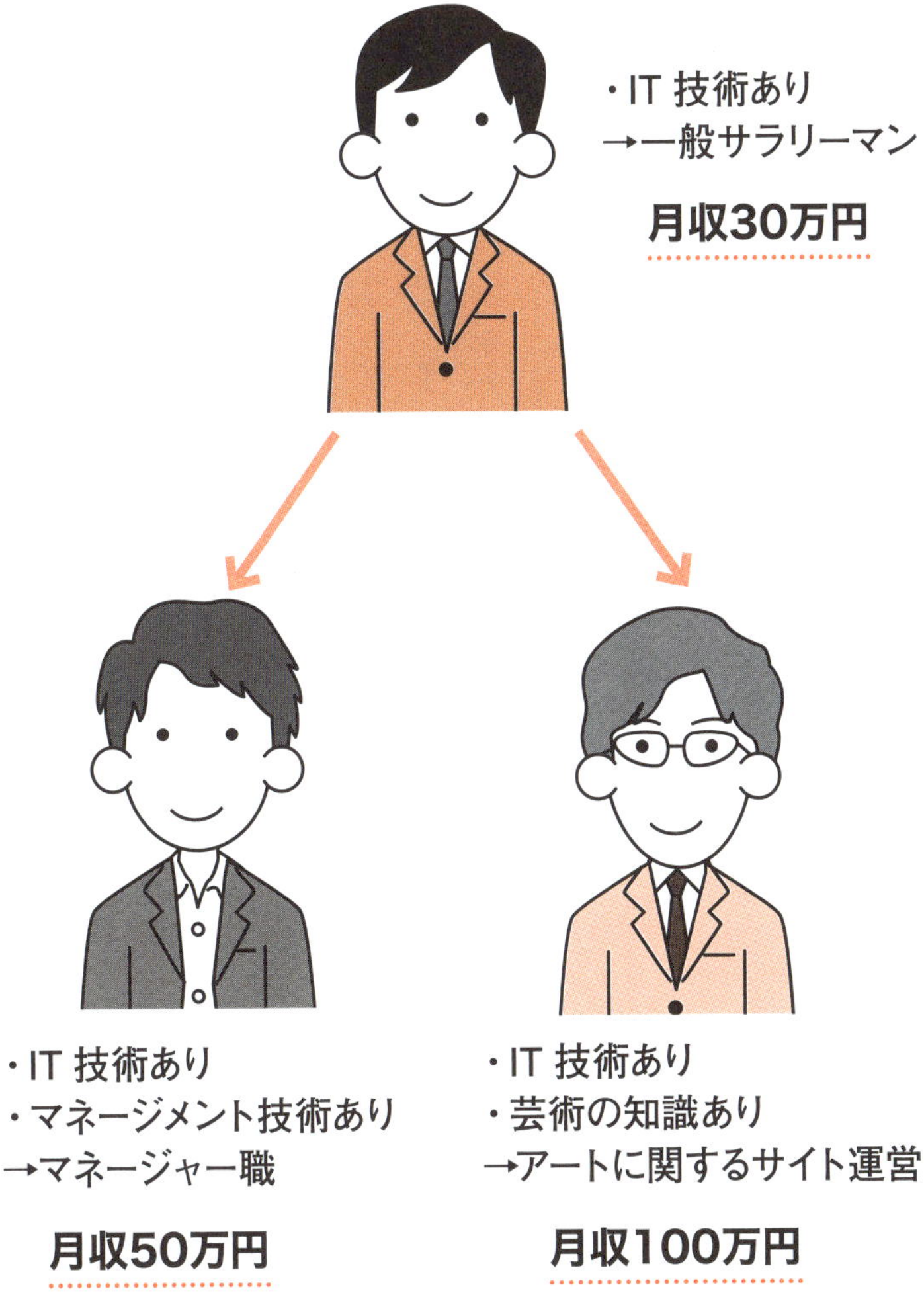
・IT 技術あり
→一般サラリーマン
月収30万円
・IT 技術あり
・マネージメント技術あり
→マネージャー職
月収50万円
・IT 技術あり
・芸術の知識あり
→アートに関するサイト運営
月収100万円

でももし、ＩＴ以外のマネージメントの技術に関する知識も備えていれば、ＩＴ関係のマネージャー職に抜擢されて昇給できたり、もっと大きなビジネスのなかで活躍するチャンスを得られたりします。

あるいは、ＩＴと芸術というジャンルの違う知識を持っている人なら、それらを複合した希少な価値として収入を上げることができるかもしれませんし、その両方から収入を得るような働き方も可能でしょう。

このようなマルチインカムは、これからお金持ちになろうとする人が真っ先に考えるべき、有力な手段のひとつとも言えます。

こうした知識や経験やスキルを増やすために必要なのが「自己投資」です。

つまり、お金を使って、自分という資源の価値を高めるのです。自分の価値が高まれば、それだけ得られる資源が増え、その資源を有効活用することで、さらに多くの資源を手に入れられるようになります。

より大きな価値を提供できる自分になる。これは、お金の上手な使い方の基本であり、なおかつ、とても効率的な使い道でもあります。

058

めざすべきは「資源持ち」

どんな人でも、毎日多くの資源を使っています。

たとえば、一日を快適に過ごすためには、出かけるための洋服が必要だし、空腹を満たすために食事をとったり、無意識のうちにさまざまな資源を使っています。

これは、自分が持っている資源を活用して、「快適に過ごす」という目的を果たしていることになります。そして一般的に、持っている資源が増えれば増えるほど、それを活用することで得られるものも大きくなります。

ガソリンが1リットルしか入っていない車よりも、10リットル入っている車のほうが10倍遠くまで行けます。1合のお米ではひとり分のごはんしか炊けませんが、10合あれば10人かそれ以上の人のおなかを満たすことができます。

言い方を変えれば、**大きな結果を出したければ大きな資源が必要**、ということです。

ここでちょっと、「お金持ちってなんだろう？」という疑問に立ち戻ってみたいと思います。

前のほうの項目で、「お金持ちはお金をたくさん使っている」と言いました。お金は資源ですから、これはつまり「お金持ちは資源をたくさん使っている」ということになります。実際、**お金持ちはあらゆる資源をフル活用して目的を達成します。**

カネ資源は、ヒト資源・モノ資源よりも交換のスピードが速いという特性があります。なので、ヒト資源やモノ資源だけで交換するより、カネ資源を間に挟んで交換することによって、交換スピードを上げることが可能で、それによって資源を増やすスピードを上げることができます。

現代は、多くの物や情報・サービスがカネ資源と交換できる経済社会になっているため、「カネがたくさんあったほうがいい」という世界観はたしかに実在します。

でも結局のところ、カネもモノやヒトと同じ資源であって、何かを達成するための道具にすぎません。

もっと言うと、カネでカネを生むよりも、モノでカネを生むほうが簡単ですし、さらに、ヒトでカネを生むほうがもっと簡単だ、という認識をお金持ちは持っています。だから**お金持ちは、安易にカネだけを追い求めることをしません。そして、本当のお金持ちは、ヒトをとても大切にします。**

それどころか、**目的を果たせるのであれば、カネ資源を使って達成することにこだわらず、むしろヒト資源やモノ資源で達成したいと思っている**かもしれません。ヒトもモノも、資源としてはカネと同等以上の価値を持っている場合が多いからです。

しかし、資源のうちのカネばかりを追い求める人は、そのことに気づいていません。

「カネさえあれば何でもできる」「カネがすべてだ」と思っているのです。そういう人は、たとえお金持ちになれたとしても、長くお金持ちで居続けることはできません。

長期的に成功している人はみんな、モノやヒトの価値を十分に理解しています。だから、彼らは「お金持ち」になろうとするのではなく、いわば「資源持ち」になることをめざします。

そうして築かれた財産は、ちょっとやそっとのことでは揺らがないうえに、ただ長く維持できるのではなく、「どんどん増えていく」財産になるのです。

062

資源が増えるとお金が増える

より多くの資源があれば、より多くの結果を得られます。そして、質のいい資源を持っていれば、早く、確率高く、多くの結果へとつなげることができます。

資源にも質があり、その質のひとつは「交換効率」です。目的に対して同じ資源を使ったときに、より早く、より確率が高く、より大きな目的を達成できる質の高い資源は、「交換効率」の高い資源と言える、ということです。

たとえば、「1回ガソリンを入れたらできるだけ多く走りたい」という目的で、自動車を選ぶ場合について考えましょう。

目の前に「燃費の悪い車」と「燃費のいい車」があります。1リットルのガソリンで

3キロ走るアメリカの車と、30キロ走れる日本車です。同じ車という資源ですが、「1回ガソリンを入れたらできるだけ長く走りたい」という目的において質の高い資源は、燃費のいい日本車ということになります。

でも、車選びの目的が、燃費は関係なくて、「できるだけ短時間で目的地に着きたい」という場合はどうでしょうか。そのために必要な資源は、燃費のいい車よりスピードの速い車です。そのほうが、目的に対して「交換効率」がいいと言えます。

お金の使い方についても同じことが言えます。大切なのは、「目的に沿って資源が増えるお金の使い方」をすること。お金だけにとらわれず、**「ヒト・モノ・カネ」という資源が、目的に沿って増えていくようなお金の使い方を心がける**ことです。

反対に言うと、お金持ちは資源が増えないお金は極力使わない、ということにもなります。

資源が増えることにつながらないお金の使い方は、一般的に「消費」や「浪費」と呼ばれる支出に当てはまります。どちらも、お金を使うことで、何かは手に入れられますが、それが今後の「資源」になることはありません。

つまり、資源が減っていく使い方なのです。

もちろん、「消費」は生活していくうえで欠かせないですし、「浪費」も、ストレス発散の目的で、自分でコントロールできる範囲ならいいかもしれません。でも、それでは資源のうちの「カネ」がただ減っただけだ、ということを認識しておかなくてはいけません。

資源は、あらゆることを達成するために有効活用できるものですが、資源がなければ何も達成できないとも言えます。

「資源が増えるお金の使い方」とは、それによって一時的にカネは減っても、モノやヒトの資源が増える使い方です。ヒトとモノの資源にカネという資源を交換したとも言えます。このようにお金を「交換」して、ヒト、モノ資源を増やしていくことで、目標とするところへたどり着けるのです。

自分が最終的にめざすものが何なのか、それによって増やすべき資源の種類も変わってくることでしょう。モノがたくさんあったほうがいいこともあれば、よりヒトを多く集めることで達成できることもあります。

そして、もちろん、カネという有力な資源によって叶えられることはたくさんあります。でも、カネだけですべてが叶えられるわけでもありませんし、カネがなくても叶えられることもまた、たくさんあるはずです。

資源が増えるお金の使い方をすることは、お金だけにとらわれず、自分のめざすものに近づく道を確実に前進していくことなのです。

お金持ちは「悪い人」だと思っていました

僕、竹松祐紀は、長野県南部にある伊那市という田舎町で生まれ育ちました。父親は地元の公務員で、ものすごく安定志向の強い家庭でした。

子どもの頃、周りの大人や学校の先生によく聞かされていたのは、「社長」という肩書きのつく人は決まって悪い人だ、といった話でした。要するに、人様に自慢できないような悪いことをしているから、お金持ちになれているのだ、と。働くことは美しいが、お金お金と求めるのは汚いことだ。そんなふうに教えられて育った記憶があります。

小学校から高校まで野球をしていた僕の夢は、プロ野球選手になることでした。でも、その実力がないことがわかって、じゃあ何をしたいかと考えたとき、一流のプロ選手のように年俸1億円を稼げるようになりたい！　そう思ったんです。プロになれないなら、せめて彼らのように華々しく稼いでカッコいい人生を送りたい、という発想です。

でも、そのときに思ったのは、たくさん稼ぐには何か嫌なことをしなければいけないんだ……ということでした。それが、大人たちから受け継いだ考え方だったからです。

大学を卒業して入ったＩＴベンチャー企業は、かなりあくどい営業手法をとっていたのですが、言ってみれば、それが「お金を稼ぐには正しい道」だと僕は信じていました。でも、なんとなくではありましたが、「お客さんを大事にしない」という考え方では先がないだろうなと考え、早々に退社して、一時はフリーターの身になりました。

その後、別のIT企業で営業職をしましたが、副業で始めたウェブサイトが好調で、すぐに年収1000万円を達成して独立しました。と言っても、そこに情熱はなく、他のビジネスもいろいろやったのですが、とにかく毎日がつらくて仕方ありませんでした。

今思えば、それも当然です。「他人より多くのお金を稼ぐには、他人より嫌なことをする必要がある」と信じていたからです。だから、嫌なことしていたわけです。

しかし、何かが違うのではないかと思いました。そこで、大金を稼ぎながらも人生を楽しんでいる人たちは何を考えているのだろうかと、セミナーなどに参加するようになりました。そして知ったのです。お金は「我慢の対価としてもらえるもの」ではないと。お金は「他人に喜びをもたらす価値を提供する対価としてもらえるもの」だったのです。

その後、柴田さんや様々な成功者たちに出会い、嫌なことや悪いことではなく、お客様や仲間にいいことをすればするほどお金を稼げる、ということを知りました。僕の人生は、このひとつの気づきをきっかけにブレーキが外れ、一気に変わっていったのです。

3つの箱が人生を変える

よく「お金持ちは案外ケチだ」と言われます。見方によっては、たしかにそうかもしれません。なぜなら、無駄なところには一切お金を使わないからです。

このことと、「お金持ちはお金をたくさん使う」ことは、実は矛盾しません。無駄遣いをしないのではなく、「自分が本当に得たい結果のためには、たくさんお金を使う」ということだからです。

お金持ちとそうでない人のお金の使い方を理解するために、あなたの支出を、「消費」「浪費」「投資」の3つに分類してみましょう。それぞれのラベルのついた3つの箱があると考えて、すべての支出をどこかの箱に振り分けます。

●**消費**……生きていく上で必要不可欠な支出
●**浪費**……ストレスを解消するための支出
●**投資**……資源を増やしていくための支出

たった3つになんて分けられない、どこにも当てはまらない支出もある、そう思うかもしれませんが、実はそんなことはありません。すべての支出は、この3つのどれかに必ず当てはまります。

ただし、衣食住に関する支出はどれも生活に欠かせないから消費、というような決まりは設けないことです。

同じ食費でも、ストレス発散のためにジャンクフードを買うのと、仕事の付き合いで外食するのとでは、まったく意味が違います。前者は浪費ですが、後者は投資になります。

何に対して使っているかではなく、何のために使っているか、という視点で考えるのです。

では、お金持ちとふつうの人の3つの箱を見比べてみましょう。

●お金持ちの3つの箱

［消費］★★
［浪費］★
［投資］★★★★★★★

●ふつうの人の3つの箱

［消費］★★★★★★
［浪費］★★★
［投資］★

この違いを、**自分が今もっているお金をどの箱に入れるかによって未来は大きく変わるんだ**、という意味で見てください。もちろん、下のようなバランスでお金を使えば使うほど、プラスのリターンが増えていきます。1年後、5年後、10年後という時間を経て、それはさらに大きな差になっていきます。

なぜなら、消費と浪費は「お金が減る使い方」で、投資が「お金が増える使い方」だからです。そして、この投資は、株式投資や不動産投資だけでなく、自己投資も含まれています。というより、最初は自己投資がいちばん重要な投資です。

支出の３つの箱

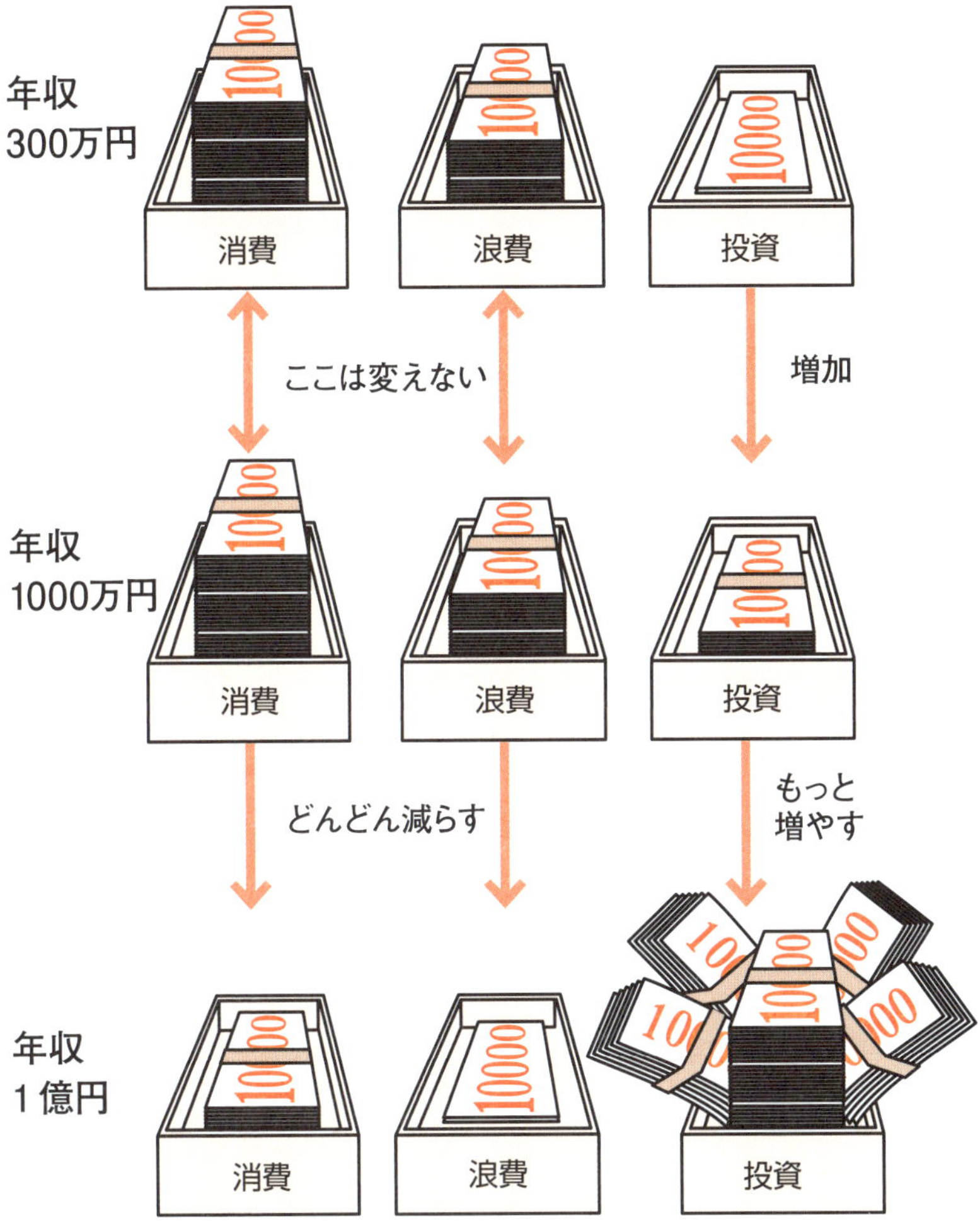
年収
300万円
消費
浪費
投資
ここは変えない
増加
年収
1000万円
消費
浪費
投資
どんどん減らす
もっと
増やす
年収
1億円
消費
浪費
投資

もし年収が300万円から1000万円に増えたとしても、消費や浪費にかけるお金は増やさずに、増えた分は投資に使うのが正解です。お金を「投資」の箱に入れれば、そのリターンという形で大きく返ってくるからです。

「お金が余るようになったから投資する」のではありません。一般的な給料と同じくらいのときから、できるだけ投資にお金が回るようにするのです。

たとえば営業のスキルを上げるために本を買って読んだり、ビジネスの作り方を覚えるためのセミナーに通ったり、自分がめざすような人とランチや夕食の機会を作ったり。そして、株を始めたり、小さな不動産を買ったり。

今の日本に住んでいる人なら、だれでも1000円くらいの本は買えるはずです。私たちだって、最初は1000円程度の本を何冊か買ってきて、営業のスキルを高めていったのです。営業のスキルが上がれば、給料も上がりました。

あなたは、すでにお金を使っているはずです。１０００円とか1万円とか、あるいは10万円というお金を使っているでしょう。そのお金を、「消費」「浪費」「投資」のどの箱に入れますか、という単純な話なのです。

浪費と消費の境界線

074

お金の本を読むと、必ず「消費と浪費をギリギリまで削りましょう」といった話が出てきます。

しかし、消費というのは必要不可欠な支出です。ゼロにすることは不可能です。でも、なるべく減らすほうがいいのは間違いありません。そのためには、賢く消費します。と言っても、1円でも安く買うためにスーパーをはしごしたり、いちばんお得な買い方を見つけるためにネット検索したり、ということではありません。

まずは、**自分にとっての「必要不可欠」をきちんと理解する**ことです。そして、お金を使うすべてのシーンで、「本当に必要かどうか」を考える習慣を身につけること。それによって、自分の目的に見合った支出かどうかを見極められます。

よく「家賃は月収の3分の1が適切」と言われますが、実際には、人によって広さが最優先だったり、駅から徒歩5分以内でないと絶対にダメだったり、物件に求める条件は違ってきます。

たとえば月収30万円の人なら、この法則に従うと、家賃に回せるのは月10万円までですが、家にいる時間を大切にしたいから、3分の1を超えて12万円を払ってでも、この物件が自分には必要だ、という判断があってもいいのです。

大事なのは、自分にとって必要かどうかです。本当は8万円の物件で満足できるんだけど、せっかく給料が上がって、10万円まで家賃に使えるようになったんだから、そういう部屋に引っ越そう、というのは残念ながら「浪費」です。

お金の使い方が上手な人は、自分に必要なものを理解しています。というよりも、そのお金が自分に何をもたらすか、それによって自分にどういうメリットがあるのかを考えて、納得してから、お金を使います。だから、無駄がないのです。

決して、お金がたくさんあるから高いものを買っているわけではありません。大事なのは金額ではなく、そこにお金を使う目的があるからです。

あなたの目の前には、いつも3つの箱があるのです。そして、**どの箱にお金を入れるかによって、あなたの未来が変わっていく**のです。だから、「このお金をどこの箱に入れる？」というのを常に考えてほしいのです。

そうすると、これまでは当然のようにお金を使っていたものが、実は不要なものだと気づく、というのはよくあることです。

仕事の帰りに必ずコンビニでアイスを買わないと気が済まない！　という人がいますが、これは果たして本当に必要不可欠でしょうか？　おそらく不要な場合が多いのではないでしょうか。それでは「デキない人のお金の使い方」です。

無頓着にお金を使っている人は、それが自分に本当に必要な支出かどうかを考えることをしません。考えなければ、いつまでたっても「自分に必要なもの」はわかりません。だから無駄遣いがなくならず、お金持ちに近づけないのです。

「消費」は、そのほとんどが日常的な支出ですが、すべてのシーンで「自分にとっての必要不可欠とは何か」を追求することは可能です。というより、それをしなければ上手なお金の使い方は身につきません。

はっきりと言っておきますが、最初の慣れない時期は、気分的につらいこともあるでしょう。その気持ちはよくわかります。でも、もしあなたがこれから近い将来に対して、より多くのお金がほしいなら、このお金の現実と向き合う必要があるということです。

078

「浪費」のループにはまる人

「浪費」とは、ストレスを解消するための支出です。ムシャクシャしてやけ食いしたり、衝動買いに走ったりして、お金を無駄遣いしてしまうのは、わかりやすい浪費のパターンですが、それだけではありません。

考えるのが面倒だから人にすすめられるままにお金を払ったり、断るのが嫌だという理由で飲み会に参加したり……といった経験はだれにでもあるでしょう。本当は必要がないのに、ストレスを受けたくないためにお金を使ってしまうのです。

だから、**浪費をコントロールする最大のポイントは、ストレスをなるべく減らす**、ということに尽きます。

しかし、ストレスのない生活をするというのも、最初はなかなか難しいものです。

まずは、お金を使ってストレスを解消しているな、と自覚をすることが重要です。そして、別の方法でストレス解消します。たとえば、軽いランニングをするのもいいでしょうし、友人とおしゃべりするのも音楽を聴くのもいいでしょう。とにかく最初は、お金を使わずにストレスを解消できる方法を考えて、それを実行していくことです。

衝動買いを避けるには、本当に必要なものかどうかを確認するために、いったん家に帰るといいでしょう。そして、それでもやっぱりどうしても必要だと思ったら買う、というようにして浪費を減らす工夫をしていくのです。

たとえば洋服などは、店員さんの褒め言葉でつい必要以上のものまで買ってしまう人もいるでしょう。しかし、自分が本当にほしいものを理解していれば、無頓着にお金を使うことがないのです。

店員さんに褒めてもらいたいのであれば、たくさん洋服を買うのではなく、自分にはどんな洋服が似合うのか、店員さんを尊重しながらアドバイスを受ければいいのです。

これは、本当にほしいものをあきらめて我慢するのとは違います。良いものを気分よく買うことが目的なのだから、それを達成するための最適な方法を選んでいるだけです。まさに「デキる人のお金の使い方」です。

くり返しになりますが、**自分が本当に求めていることを知る、というシンプルな心がけが、お金を上手に使うためには欠かせません。**

そのうえで、どうしても洋服がたくさんほしければ、買えばいいのです。無理に我慢して体調を崩すよりも、買うことでストレスが解消されて元気になれるのなら、そのほうがずっといいでしょう。大事なのは、それが「浪費」だと自覚してお金を使うことです。

その意味で「浪費」は、決して目の敵にするような支出ではありません。

支出を3つの箱に分けるとき、「消費」だと思っていたものが実は「浪費」だと気づいて、どんどん「浪費」ばかりが増えていく人も多いと思います。でも、そこで投げやりになったり、自分に失望したりする必要はありません。

とはいえ、浪費するために借金したり、クレジットカードで分割払いにしたりするのはやめましょう。これは、何のリターンもないばかりか、負債を増やしていく行為だからです。

借金というのは、他人からお金を借りる行為ではありますが、その本質は、未来の自分からお金を前借りしているだけです。未来のあなたが使えたはずのお金を減らしているんだ……という自覚を持つことで、借金の意味合いが変わるのではないでしょうか。

浪費とはストレス解消であり、本来は減らしたいものであるということを理解してください。

082

浪費をゼロにする投資家マインド

「消費」はその性質上、完全にゼロにしてしまうことは難しい支出ですが、「浪費」はそれが可能です。実際、お金持ちの人で「浪費」をほぼゼロにしてしまっている人はたくさんいます。

ただし、世間で言われるような「これは浪費」というレッテルとは、少し違うのではと思う場合も多いものです。

たとえば、ある人がフェラーリに乗っていたり、六本木ヒルズに住んでいたりすることを、「金持ちだからできる浪費だ」と思うかもしれません。高いレストランに食事に行くことを浪費だと思うかもしれません。

しかし、**フェラーリを買うことが単純に浪費であるわけではない**のです。そして、浪費しないということはフェラーリを買わないことではなく、フェラーリを投資にするにはどうすればいいだろうか、と考えることなのです。

投資にはリターンが必要です。そういう意味で考えると、自分がフェラーリに乗って楽しむという浪費以外に、投資として、購入代金に対しての投資リターンを具体的に考えればいいのです。

たとえば、日本に数台しかないモデルを買っておけば、いずれ高く売ることも可能かもしれません。フェラーリのオーナーだけが集まるクラブに所属して、その中での人間関係を使ってビジネスを展開する、という考え方もあるでしょう。

このように、ちゃんと費用対効果を測ればいいのです。そして、フェラーリのどの程度が投資で、どの程度が消費で、どの程度が浪費かを自分で把握すればいいのです。

本を読んで勉強することやセミナーに参加することが、自己投資になる場合もあればならない場合もあるのと同じです。フェラーリを所有するという行動が浪費であるとか、投資であるという話ではありません。全部を投資にすることも、全部を浪費にすることも可能なのです。何かの価値に変えて、リターンを生み出すことができるならば、フェラーリだって投資になりえます。

ただし、フェラーリを買って見せびらかして、自分の欲を満たしてストレス解消をするだけで終わってしまっては、それは浪費の箱に入ってしまいます。そういう意味で、何かの行動そのものが投資であるか、浪費であるかは、あなた次第と言えるのです。

たとえば、あなたが行ってみたい高級レストランがあるとします。自分が楽しむことだけが目的なら浪費です。でも、仕事相手を誘って商談をまとめれば投資になります。落ち込んでいる部下を誘って励ますことを目的にしてもいいし、あるいは、友人にご馳走して相談に乗ってもらう、といった投資の仕方もあります。

つまり、「フェラーリ＝浪費」とか、「高級レストラン＝浪費」とか、そういうことではないのです。**その支出にただ「浪費」というラベルを貼るのか、「投資」というラベ**

ルを貼れるように工夫するか、その違いです。

大事なのは、このお金を投資にしてやろう、という心構えや、自分が楽しむだけではなく他の人も楽しませよう、価値を与えようという心意気なのです。

実は、この心構えこそが「投資家マインド」と呼ばれるものであり、お金が増えるお金の使い方に欠かせない要素です。これを養うことが、お金持ちに近づくステップです。

高級レストランに行ったら勉強になって、結果的に投資になったからOK、ではありません。もちろん、浪費だと割り切って高級品を買ったら、思いのほか仕事に役に立って投資になった、というようなケースはあり得ます。

でも、「お金を上手に使う」という意味では、使う瞬間が重要です。何かを得ようとしてお金を使うのです。**この支出をいつまでにいくらぐらいにして回収したいのかを考え、絶対に浪費で終わらせない、と決意してお金を使えば、浪費はかぎりなくゼロになります。**

なぜあなたが豊かになれるのか

ここまで消費も減らして、浪費も減らして、その代わりに投資をしていきましょう、という話をしています。しかし、ひとつ言わなければいけない大事なことがあります。

現在日本では、節約を合言葉に、貯金すれば安心で幸せですよ、という雰囲気が作られているように思います。貯金の額が増えると安心だという気持ちはわからなくもありません。ですが、よく考えずに節約しすぎる状態は、あなたを不幸にするということもお伝えしておきたいのです。

多くの人が貯金に励もうとしているわけですが、それと同時に、給料を上げてほしいと考えています。収入が上がって使うお金が減れば、貯まる額が増えていい、ということでしょう。たしかに、収入が少ないうちは賛成です。

しかし、ある程度豊かになってきたなら、やはり、**もっとお金を使うことを意識していくことが大事**です。これは、社会貢献をするために寄付しましょう、と言っているわけではありません。

そうではなく、実は、**あなたがしっかりお金を使うことが、だれかの投資リターンになっている**、という事実を知ってほしいのです。

前に述べたように、**あなたが給料をもらえるのは、だれかがお金を使ったから**です。そして、**あなたが使ったお金によって、世の中のだれかの生活が成り立っています**。あなたが使うお金によって、友人や知人の生活を助けている場合もあるはずです。

昔は小さな商店が多かったので、もっとわかりやすかったでしょう。家族経営の駄菓子屋でお金を使うことは、その家族の生活費をまかなうことにもなる、ということが直接的にわかったからです。

だから、だれもお金を使わなくなったら多くの人が困る、ということもわかりやすかったのです。

もちろん、商売をするほうにも、お客さんがほしがるものを提供する必要があるし、営業努力も必要です。しかし、少しでも節約してお金を使わないでいよう、という考え自体が大いに問題です。

なぜなら、**あなたが生きていられるのは、だれかがお金を使ってくれた結果**だからです。だから、お金を使わない人が増えれば、あなたの給料が減らざるを得ない、というのが現実なのです。

最近では価格競争が激しくなり、格安バスツアーでは残念な事故も起きました。この話からもわかるとおり、格安を選びすぎると、結局あなたが困るのです。バス会社はいい運転手も雇えず、儲からないから過酷な長時間労働を運転手に課さなければいけません。その結果として、あなたを含めたたくさんの人の安全が損なわれるのです。

お金は流れている

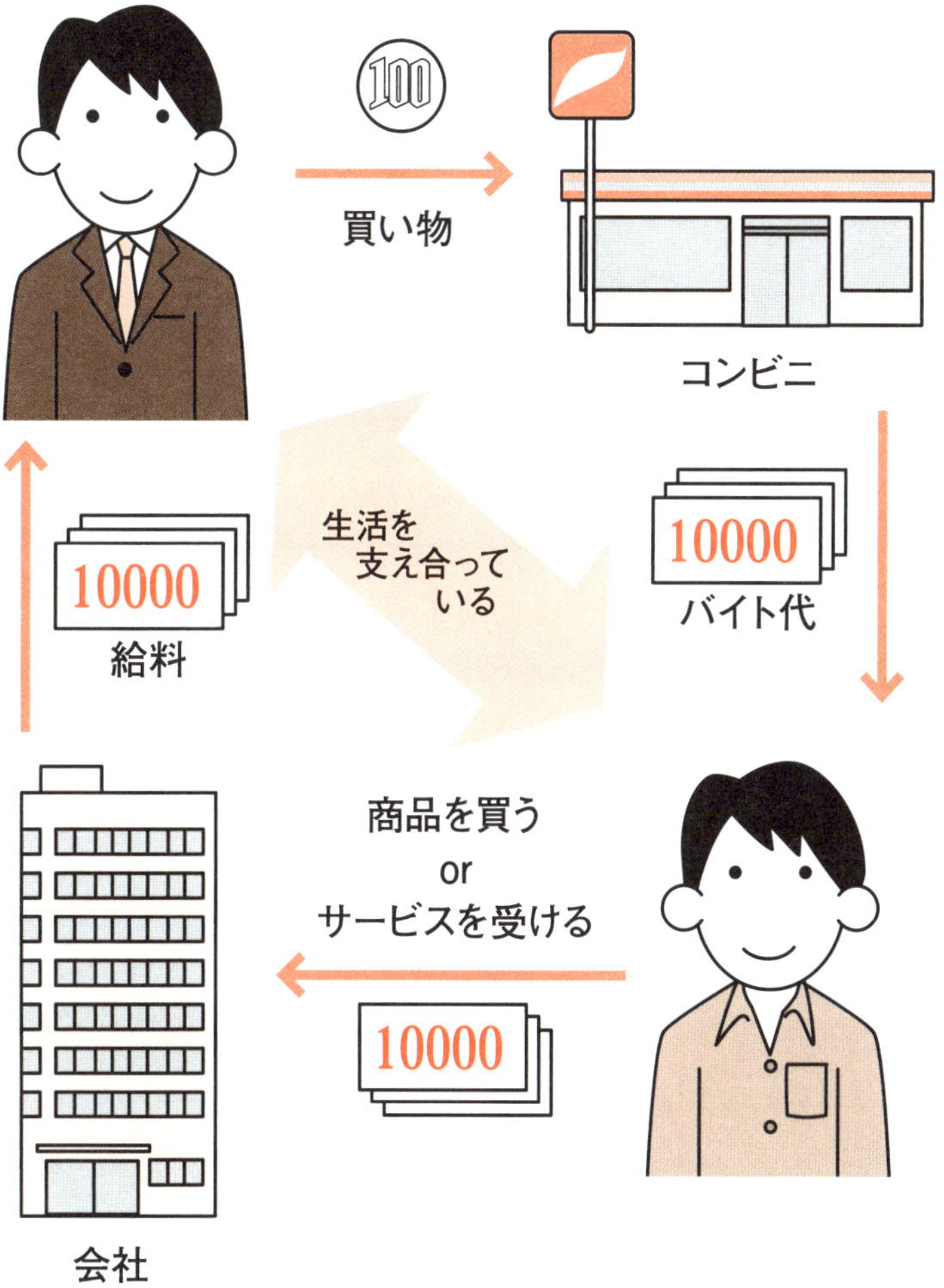
100
買い物
コンビニ
生活を
支え合って
いる
10000
バイト代
10000
給料
商品を買う
or
サービスを受ける
10000
会社

お金というのは流れているんだ、ということを意識してお金と向き合ってください。そして、「少しでも安く」という基準ではなく、「価値がある商品や気に入った会社に対しては投資家マインドを持って使う」ということも頭の中に入れておいてください。

そのお金は、あなたにとっては消費かもしれませんが、だれかの投資リターンになり、多くの人の生活を支えるお金になっている、という事実があるからです。

前にも紹介した、歴史に名を残す実業家である渋沢栄一は、節約（倹約）についてこんなことを言っています。

倹約することばかりすすめると、人は金を使わなくなる。生活費が少額で足りるとなれば、人はわずかな収入でも満足するようになってしまい、向上心が見られなくなる。その結果、国家もまた貧しいことに満足し発展しなくなる。大切なのは、分を越えて贅沢にしないということだ。収入が多ければ、周囲から多少華美に見えても必ずしも贅沢とはいえない。**自分のレベルを考え、それ相応の生活費を使うことは悪いことではなく、むしろ当然だと私は思っている。**

『渋沢栄一 巨人の名語録』（本郷陽二・著／PHP研究所）より

つまり、己の分をわきまえながらお金を使うことで、世の中をより発展させていこう、ということなのです。

092

こうして私は、「消費」をゼロにした

私は今、家族と一緒に、南の島の都市型リゾート地で一年の大半を過ごしています。自宅やオフィスは東京にもあり、毎月上京して、多くのミーティングなどをこなしていますが、基本的には、南の島の住居兼オフィスで仕事をしています。

そこには、会社のスタッフや関係業者の人たちが数人から数十人、常に出入りしています。新しいプロジェクトにとりかかるときなどは、みんなで私の家に泊まり込んで合宿さながらに、何日もかけてミーティングを続けることもあります。竹松くんも、今でこそ同じ島に自分の家を持っていますが、かつては都内に自宅を持ちながらも私の家で暮らしている時期もありました。それくらい、仕事とプライベートが密着しています。

何が言いたいのかというと、私には衣食住の「住」に当たる消費がない、ということなんです。これは、税務上の経費にしているという話ではなく、自分にとっての3つの箱の意味として、住居は「消費」ではなく「投資」だと考えているのです。自宅とは別にオフィスを構えてもいいのですが、自宅のほうが便利だし、楽しいし、効率がいいんです。だから、みんなが集まりやすいような家にすることなどを、常に心がけています。

「食」に関しても、ひとりで食事をすることはまずないので、この消費もほぼないと言えます。だれかを誘ったほうが自分も楽しいし、相手にも喜んでもらえ、そこで少しでも仕事の発展があれば投資になるからです。私はいつも、そういう気持ちでいるんです。

「衣」については、とくにビジネスと関係ない場合もありますが、場合によっては投資目的で洋服を買うこともあります。もちろん経費という意味ではなく、自分と関わるだれかのためという目的で買ったり着たりしている、ということです。

子供の教育費は、自分が見返りを求めるわけではありませんが、完全に投資です。

大好きなゴルフも、周りの人に価値ある時間だと感じてもらえれば、それも浪費ではなく投資になります。ふつうはお忙しい有力企業の社長さんでも、「私がレッスンを受けているツアープロと一緒にラウンドしませんか？」と誘えば、距離を縮めて商談できるだけでなく、私自身も楽しい時間を過ごせます。相手の社長さんにとっても価値ある時間になっていることでしょう。

「消費さえもゼロにできる」と言われても、すぐにはイメージできないかもしれません。でも、ストレス発散のための浪費を、投資や自己投資に変えることは、あなたでも今すぐ始められるはずです。ぜひ、お金に対するパラダイムを変えてください。

使ったお金が返ってくる理由

ここからは、「お金が増えるお金の使い方」である「投資」について考えていきます。

辞書の定義では、投資とは「将来得られるであろう収益を目的として、現在資金を支出すること」とあります。

わかりやすい「投資」の例としては、株式投資や不動産投資、為替や債券投資といったものが挙げられます。また、株式上場されていないビジネスへの投資、というものもあります。

世間では株式投資や不動産投資を勧める書籍もたくさん出版されているので、始めてみたいと思っている人もいるでしょう。でも、**私たちが言う「投資」とは、単純に株な**

どの有価証券を買うものではありませんし、不動産投資を行うものでもありません。

そもそも、投資という概念が何かといえば、「**お金を通して世の中に価値を生み出し、その対価としてリターンを得ること**」です。

これではよくわからないと思いますから、順にお話ししていきましょう。

一般に投資というと、株や不動産というものにお金を投入して、値上がりしたら売って利益を出す、というイメージがあるようです。たしかに、それは投資活動の中の一部としては正しいと思います。

ただ、ここで考えてほしいのは、**なぜ投資したお金が増えて戻ってくるのか？** という点です。それは、「世の中を喜ばせた対価としてお金が返ってくる」からなのです。

わかりやすいので、不動産投資で考えてみましょう。

あなたが家を買って、だれかに貸してあげる（賃貸に出す）とします。そのとき、なぜあなたにはリターンがあるのでしょうか？　それは、家をすぐには買えない人たちに向けて、彼らが払える価格で貸してあげているから、です。

総務省の「住宅・土地統計調査」（２０１３年）によると、30代前半の持ち家比率は28・９％という結果が出ています。要するに、71％の人は家を持っておらず、借りて住んでいるということです。

また、東京23区では、一戸建て持ち家比率は24％しかなく、分譲マンションが19％、賃貸マンションが28％で、賃貸アパートが14％というデータもあります。これによると、43％の約３８０万人は、だれかから家を借りていることになります。

そして、これだけの人が家を借りるためには、その反対側には貸す人間が必要です。

東京に住んでいて思うのは、やはり地方から出てきている人がとても多い地域だということです。東京都は面積が狭いうえに人気もあるので、家を買おうと思っても高くて

投資リターンの仕組み

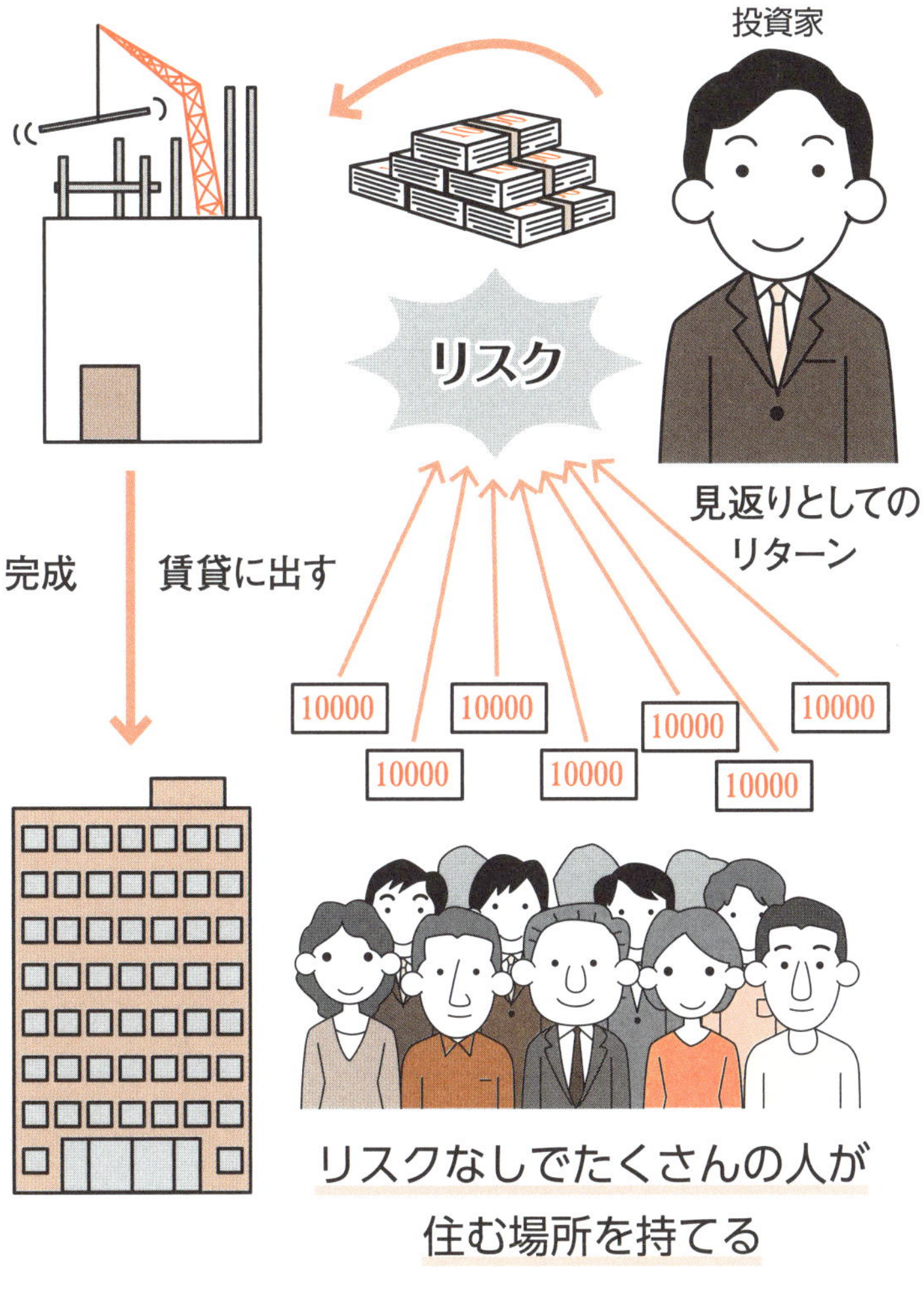

投資家
リスク
見返りとしての
リターン
完成
賃貸に出す
10000
10000
10000
10000
10000
10000
10000
リスクなしでたくさんの人が
住む場所を持てる

簡単には買えません。だから、借りて住んでいるのです。

もし不動産投資をする人がいなくなると、多くの人は家を失って、仕事もできないし、家族生活が営めない、という現状があるわけです。でも、それでは困りますよね？　だから、不動産を買って、それを貸してくれる人がいるわけです。

つまり、**不動産投資家というのは、お金という資源を使って、家を建てたり買ったりして、それをだれかに貸すことで社会に喜びを生み出している存在**なのです。

確実に利益が出るかと言えば、そんなことはありません。空室ができるかもしれませんし、家賃以上に修理費がかかることもあります。もっと言うと、地震でその家が崩壊してしまうかもしれません。

投資家はそういうリスクをとっているので、その見返りとしてリターンを得ることができるのです。

このように、投資というのは本来、**だれかを喜ばせるという活動にリスクをとってお金を投じた結果、リターンを得ることができる**、というものなのです。

払う人、もらう人

投資とは「だれかを喜ばせるという活動にリスクをとってお金を投じた結果、リターンを得ること」だと言いましたが、逆に言えば、だれも喜ばなければリターンはありません。人気のない地域にボロボロの物件を買っても、だれも住みたいと思わないでしょう。それは「価値を生み出していない」ということであり、だれもお金を払ってくれません。

私たちは、不動産投資をする投資家です。でも一方で、だれかが不動産投資をしてくれた物件に住んでいる借り手でもあります。

そして、自分たちが住みたい地域にすぐに住めるのは、リスクをとって家を建ててくれた人たちがいるからだと知っています。だから、そのリスクをとったお礼として家賃を払っているわけですし、そこでリターンを得てもらうというのは当たり前だと考えているわけです。

これが投資というものなのです。先ほども言ったとおり、辞書では投資を「将来得られるであろう収益を目的として、現在資金を支出すること」と定義しています。しかし、なぜリターンがあるのかという投資の本質を理解している人は非常に少ないのです。マネーゲームをしているだけといった勘違いしている人も多く、自分には関係ないと思っている人がほとんどです。

しかし、投資というのは実は、あなたの周りにものすごく当たり前にありふれているのです。あなたが賃貸マンションに住んでいるなら、それはだれかがリスクをとって建設してくれたからです。高いお金を出して買わなくてもそこに住めるのは、だれかが貸してくれるからなのです。つまり、不動産投資の一部にあなたも参加しているのです。

そして、「どうせ参加するなら提供側になろう」と考えるのが、不動産投資家になることです。どういう場所で、どういうマンションだったら自分が住みたいだろう、と考えてみれば、それまでと違った世界が見えてきます。

人気のある街に家を買って、貸してあげたら、当然ながら住みたい人が多いから、借り手が見つかりやすいなとか。この地域は会社が多くて勤めている人が多いし、家族連れも多いから、こういう家を建てて貸してあげたら喜ばれるな、といったイメージも湧いてくることでしょう。これが、投資というものを理解していく前提です。

株式投資について言えば、その本質は「成長する企業にお金を貸しましょう」ということです。成長とは、売上が伸びていくこと。売上とは、お客さんがどれだけのお金を払ったかということです。つまり、売上が伸びていく会社は、多くのお客さんが喜ぶ商品やサービスを提供して、世の中を豊かにする企業である、という言い方ができます。

時代によって人の好みは変わりますから、お客さんが喜ぶものも変わります。でも、お客さんをより多く喜ばせられる企業が成長する、という原則は変わりません。

そういう企業は、より多くのお客さんに商品を届けるために、スタッフをより多く雇ったり、スタッフに快適に働いてもらうための事務所を借りたりするために、たくさんのお金が必要です。だから、あなたが投資家としてお金を出してあげて、世の中に喜びが増える活動に参加する、というのが株式投資の考えなのです。

より多くのお客さんが喜ぶ商品を生みだし、提供することで企業は売上を伸ばしていき、その対価としてあなたがリターンを得られるのです。これが、株式投資の原理です。

不動産投資でも、株式投資でも、基本の考え方は同じです。自分の資源のひとつであるお金を投入して、価値あるものに変えて、人に喜ばれるものを提供すれば、リスクをとった見返りとしてリターンがある。これが投資です。

同じ金額のお金を使うのであれば、ただ浪費するよりも、多くの人に喜ばれ、自分のお金も増える投資という使い方はいかがでしょうか。実は、長きにわたってお金を稼ぎ続ける人は、長きにわたって人に喜ばれる努力をしているのです。

世界一確実にリターンを生み出す方法

投資について話してきましたが、自分にはすぐにはできないよ、と思うかもしれません。私たちも以前はそうでした。でも、その当時から今でも続けている投資というのが、実は世界一確実な投資なので、ここではそれを紹介しましょう。

それは、「自分にお金を使って価値を生み出し、リターンを求める投資」です。つまり「自己投資」です。辞書の投資の定義にあてはめるなら、将来得られるであろう収益を目的として、現在の資金を自分自身の能力向上に対して支出する、ということです。

前に「『自分』も貴重な資源である」と述べましたが、ここで、ヒトという資源をもう少し分解してみましょう。ヒト資源は、「時間」と「能力」に分けることができます。

あなたが会社員なら、給料は基本的に、あなたが働く時間によって変わります。8時間働く人より、10時間働く人のほうが給料は高くなります。しかし一方で、5時間しか働かないのに10時間分の給料をもらったり、同じ8時間でも他の人の何倍も給料をもらったりする人もいます。それが能力の差です。そう考えれば当たり前のことですが、給料は時間だけでなく能力によって変わる、というわけです。

給料をアップさせたいと思ったら、たくさん働くか、能力を上げるしかない、ということです。でも、時間には限界があります。だから、能力を上げることを考え始めます。そして、**能力を高めるために自己投資をする**わけです。

たとえば、あなたは営業マンだとします。最初は全然契約が取れません。どうすれば契約が取れるのかわからないからです。そこで営業に関する本を読んでみます。得た知識を実践すると、すぐに結果が出ることがあるかもしれません。本を1000円で買って読み、実践したら営業成績が伸び、月給が5万円増えた、といった話はよくあります。

これは、1000円の投資で5万円のリターンを得た、と言えます。つまり、50倍の効果があり、５００％のリターンがあったということです。しかも月に５００％です。

通常、投資の世界において、株式投資なら年間の平均リターンは７％程度ですし、不動産投資でも年間で10％の利回りが出れば上出来と言えます。月間で５００％のリターンがいかにすごいかがわかるでしょう。しかも一度身についた能力は、来月も、再来月も同様のリターンをもたらします。このように、**株や不動産とは比べものにならないリターンをもたらしてくれるのが、自己投資**なのです。

もちろん本だけではありません。将来のための経験も自己投資になります。たとえば、近い将来の夢として、高級飲食店を自分で持ちたいと考えているとします。人気の高級店で食事することは、お客さんを観察するとか、料理の提供の仕方を知るとか、あるいは広告手法を調べるといった、非常に実りの多い活動になります。

ふつうなら、ただ「おいしい料理をいただく」だけかもしれません。でも、自分の夢の実現に活かすことができれば、高級レストランでの食事の時間を「自己投資」と捉えることが可能になります。

投資の概念として大切なのは、金銭的なリターンがあるかどうかです。「これも勉強だから」と言って高級店に行っても、ただ楽しむだけなら「浪費」にすぎません。少なくとも、お金を使う段階で「この経験を、こういうことに生かそう」と心がけてアウトプットすることが必要なのです。

英会話などの学習も同じで、どんなにがんばって習得しても、それを生かしてリターンを得なければ、残念ながら「自己投資」とは言えません。どんなにたくさんの本を読んでも、そこで得た知識を生かして価値を生み出し、金銭的な結果を得ないのであれば「投資」とは呼ばないのです。

「お金が増えるお金の使い方」とは、こういう投資です。自分に投資する、人に投資する、不動産に投資する、企業（株）に投資する……そうした活動を通して、世の中に価値を提供していくのです。その結果として、価値を喜んでくれる人がいるわけですから、リターンをもらうことができる。それが「お金の上手な使い方」なのです。

間違いだらけの自己投資

「自己投資」という言葉を使いましたが、世間には「自己投資」をしているつもりが「自己投資」になっていない人が多いな、と感じています。

たとえば、何かの資格を取りさえすれば自己投資だと考えている人がいます。また、勉強だけしていれば自己投資だと言っている人もいますし、セミナーに通うことが自己投資だと言う人もいます。

もちろん、勉強をすることを否定はしませんし、セミナーに行くのもいいでしょう。資格を取るのもいいことです。でも、ここでもう一度、投資はなぜリターンがあるのか、ということを思い出してほしいのです。

投資にリターンがある理由は、あなたが投入したお金を通して、世の中に価値が生まれ、その結果、リスクをとった見返りとしてリターンをもらえるからです。つまり、単にお金を投じただけではリターンはないのです。世の中に価値が生まれるからリターンがある、という原則は絶対に覚えておいてください。

単純な話です。あなたが何かの勉強をしたとします。それがだれかの、より大きな喜びにつながるのならば、リターンの可能性がある、ということです。

話をシンプルにするために、給料を考えてみましょう。あなたが会社に勤めて仕事をするということは、あなたというヒト資源を投じてリターンを得ているということです。つまり、あなたの「時間」と「能力」に対して報酬をもらっているわけです。

営業マンの例で考えると、営業マンとして給料が増えるのは、どういうときでしょうか？　それは、取ってくる契約の件数が増えるときです。

このとき、あなたは自己投資をして営業の勉強することで、お客さんに商品の魅力を上手に伝えられるようになったのかもしれません。同じ時間内、より多くのお客さんと話す術を身につけたのかもしれません。一度お客さんになった人に、さらに別のお客さんを紹介してもらう能力を身につけたのかもしれません。

つまり、「能力」が上がったことによって、お客さんと会社に与える価値が増えたということです。

いずれにしろ、契約件数が増えているわけですから、お客さんと会社にプラスの価値を提供していることになります。そうなれば、会社の売上も利益も増えていきます。これがあなたの給料のもとになり、以前より給料を増やすことが可能になるのです。

つまり、お金を投じて能力を得ることで、世の中に価値を提供し、リターンを得る、という投資の定義にあっているわけです。

しかし、**多くの人がやっている自己投資というのは、お金を投じるだけのものがほとんど**です。たとえば、自己投資のために本を買ったけど、中身は実行していません。セミナーですぐに使えることを習ったんですが、実行していません。これでは、価値を生んでいないわけですから、リターンがあるはずもありません。

お金を投じて勉強をすることが自己投資だと勘違いしていると、次から次へと勉強するだけで終わってしまいます。それは自己投資ではなく、単なる趣味か道楽です。

また、自己投資と称して資格ばかりを集める人も多いように思います。しかし、その資格がだれかの喜びという価値にならないのならば、金銭的なリターンは望めません。

自己投資とは、自分の能力にお金を投じて、さらに価値を生み出す活動を通してはじめてリターンがあるものだと理解しておいてください。

トップアイドルが富を生み出す方程式

投資についてお話ししてきましたが、ここではリターンの話をしましょう。投資とは、お金を投じることで世の中に価値を作り、その見返りとしてリターンを得ることです。

しかし、お気づきかもしれませんが、思ったようなリターンがない場合もあります。

これは、株式投資でも不動産投資でも、自己投資でも同じことです。自己投資でいえば、50万円出して必死に勉強して英語を身につけたけれど給料は変わらない、ということがあります。値上がりすると思って格安の不動産を買ったら、さらに値下がりしてしまった、ということもあるでしょう。この原因についてご説明します。

そもそも、投資したお金が、より多くのリターンを伴って返ってくるためには、どういうことが必要でしょうか？　当たり前に聞こえるでしょうが、買ったときの価格よりも売るときの価格が上昇することです。自己投資なら、身につけた能力によって給料が上がることです。身につけても給料に影響しない能力もあるわけです。

ここでは「価格」を理解することがポイントになります。価格とは、「価」値の「格」付けをしたものです。たとえば、ペットボトルに５００mlの水が入っています。これはコンビニで通常１００円で売られているとします。この水の価値の格付けとして、１００円という価格がついていることになります。

しかし、砂漠のど真ん中で、いちばん近い水飲み場まで丸一日歩いても着かない、なのに手元には水がない。そんな状況で、この1本のペットボトルをほしい人が何人もいたら、どんな価格が付くでしょうか。同じ水でもシチュエーションによって価値が変わり、それによって価格が変わるのです。

これが価値と価格の関係性です。

では、この「価値」というものをもう少し考えてみます。たとえば、東京・渋谷区のマンションと、地方の田舎町のマンションでは、同じ広さでも価格が全然違います。その理由は何か、ということです。この違いがわかると、自己投資でも、他の投資でも、しっかりとリターンを得る確率を上げることができます。

答えは、価値とは「需要」と「供給」のバランスによって変動する、という原理です。簡単に言うと、需要とは「人がほしがる量」であり、供給とは「人が提供する量」です。

アイドルのコンサートチケットで考えてみましょう。

アイドルグループAは人気が高いので、チケットをほしがる人が100万人以上います。でも、提供されるチケットは1000枚しかありません。すると、100万人が1000枚しかないチケットに殺到し、定価より高くても買いたい！　という人が続出します。

需要と供給が価格を決める

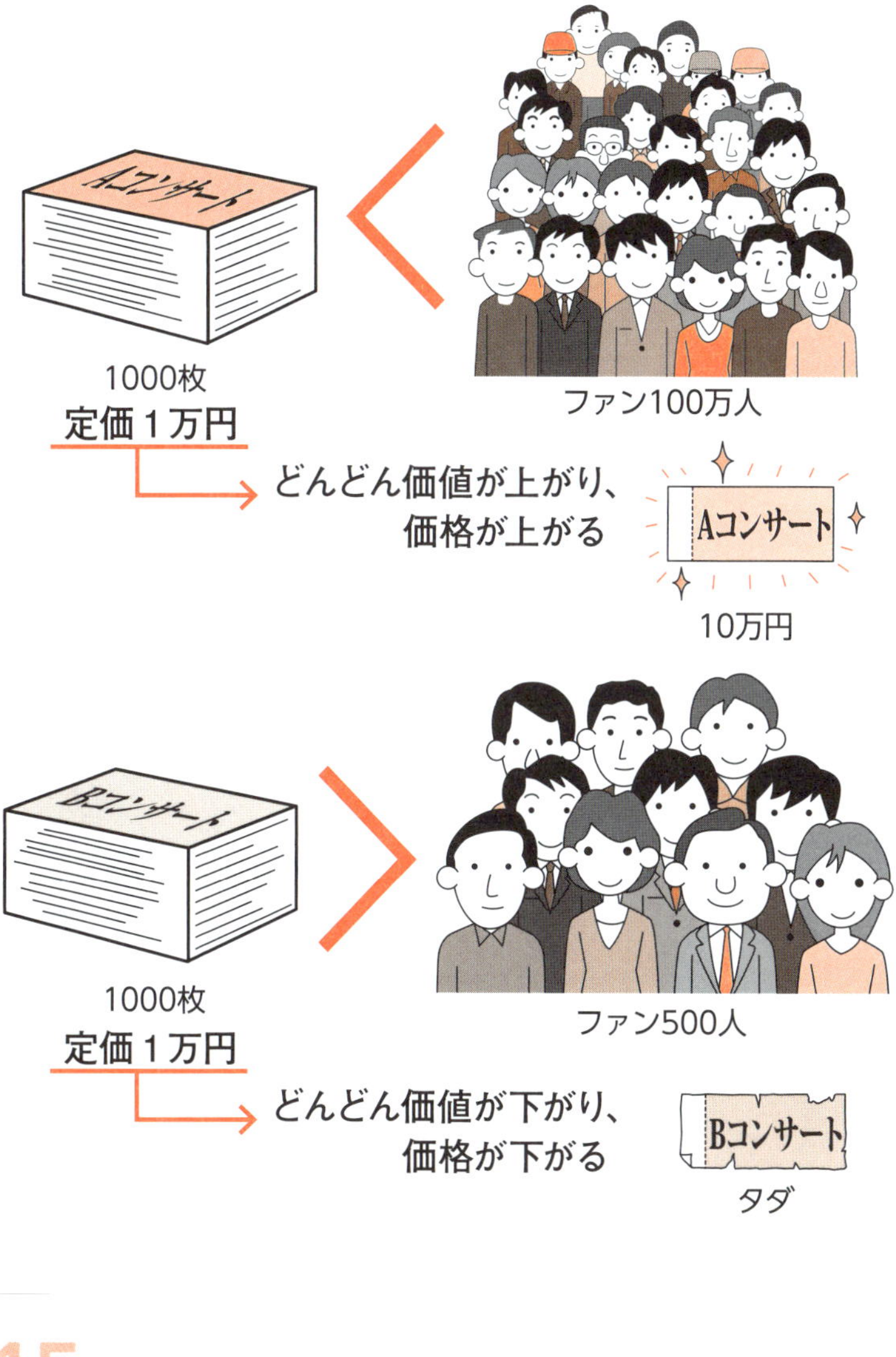

1万円で売り出されたチケットが3万になり、5万になり、10万になり……ということが起きます。

なぜなら、「需要（100万人）>供給（1000枚）」だからです。

一方で、あまり人気のないアイドルのチケットは値段が下がっていきます。アイドルグループBのライブに行きたい人は500人ですが、広い会場を押さえて、1万円で1000枚のチケットを売り出しました。

すると、どうでしょうか。500人は買うかもしれませんが、残り500枚は余ってしまいました。しかし、売らないと採算が取れません。そこで、5000円にしたり、無料でプレゼントしたりして、なんとか席を埋めようとするわけです。

こうなってしまう原因は、「需要（500人）<供給（1000枚）」というバランスです。ほしい人よりも、提供された量が多いのです。そりゃ当然チケットは余るよね、という

話です。

チケットは同じ1枚で、会場も公演時間も同じです。でも、グループAのチケットは1万円で買ったものが10万円になり、グループBの1万円のチケットは無料で配ってももらい手がない有様です。

これが、「需要」と「供給」のバランスによって「価値」が変動し、それによって「価格」が変わる、ということです。

足りないことが素晴らしい

「需要」と「供給」のバランスによって「価値」が変動し、それによって「価格」が変わる原理をわかっていただけたでしょうか。

それでは、あなたが投資をする場合には、どういうところに投資をすると、しっかりと価値が提供されて、価格が上がり、リターンがプラスになるのか、ということを考えていきましょう。でも、すでに答えは出ていますね。

そうです。**「需要＞供給」となるところに投資することで、あなたが提供する価値をほしがる人がたくさんいて、価格が上昇**していきます。すると、**プラスのリターンが返ってくる確率が高い**、ということになるわけです。

多くの人が、自分の給料を上げようとして、英語をマスターしようと考えているように思います。しかし、英語をマスターしたところで、おそらく大して給料が上がることはないでしょう。なぜなら、今の日本で英語を話せる人はたくさんいるからです。

もちろん、英語を勉強することを否定するものではありません。でも、英語ができたからといって、あなたの価値が急に上がるかというと、それは疑わしいのです。英語が話せる人がほしいという「需要」に対して、すでに「供給」されている人が多いからです。

ただし、英語のコミュニケーションを使って、海外にセールスができるとか、マーケティングができる、という能力を組み合わせるならば、いいかもしれません。海外市場に向けてもっとアピールしていきたいと考えている日本企業が増えているからです。

つまり、**英語が話せることに、セールスができるという能力を掛け算することで、価値が上がり、高い給料が取れる可能性**があるということです。

不動産投資に対しても同じことです。不動産物件の価格は、需要と供給によって上下しているだけです。同じ広さのマンション1室でも、渋谷に買うのと、地方都市で買うのとで値段が違う理由は、渋谷は住みたいと思う人が多いのに対して、土地の面積には限りがあり、供給されているマンションが足りないからです。

一方で、地方都市では、渋谷に比べれば住みたいという人は少ないでしょう。すると、渋谷に比べて不動産の価格が低くなるのは当然です。さらに、地方では人口が減っていますから、その場所に住みたいという需要に対して、供給されているマンションが多いのです。

すると、他のマンションよりも価格を下げてでも、自分のマンションに住んでほしいと思う貸し手が増えて、物件の価格や家賃もさらに下がる、という流れになってくるのです。

一概に何がいいとは言えませんが、あなたの自己投資でも、モノへの投資でも、プラスのリターンを得る鍵は、「需要＞供給」になるポイントを見つけることが、まずは基本です。

現在の需要と供給はどうかということだけでなく、5年後、10年後の需要と供給のバランスはどうなるかを予測することで、未来の価値を判断することが可能になるのです。もちろん、未来のことは100％の確率ではありません。

ですが、今人気のスキルではなく、将来ほしがる人が増えそうなスキルを身につけていくことで、あなたという人材を高く売り込むことが可能になります。不動産投資でも、将来住みたい人が増えそうな地域で、なおかつ供給が少ない地域を見つけると、将来の価格が上がる可能性が高いわけです。

こうしたことを検証してから「ヒト・モノ・カネ」に投資をすることで、プラスのリターンを得る確率を上げることができるのです。

柴田さんから教わった、お金というバイアス

僕が柴田さんにはじめて会ったのは、27歳のときでした。『7つの習慣』を日本に紹介した人物として知られ、自身も著名なコンサルタント／コーチであるジェームス・スキナー氏のセミナーに参加したときのことです。

その1年前に初参加したとき、僕は衝撃を受けました。スキナー氏のメッセージというよりも、その存在自体にです。かつて自分がめざしたプロ野球選手のように、大勢の人々を熱狂させ、彼らに影響を与えることを仕事にしていて、しかも世界中を飛び回っている。そんなスキナー氏のライフスタイルに強い憧れをもったのです。

柴田さんはボランティアとして、そのセミナーの手伝いをしていました。たまたま言葉を交わし、いろいろと話をするうちに、一緒にビジネスをすることになり……そこから僕の人生は別のステージに移ったように思っています。

当時よく柴田さんに言われていたことがあります。「ゆうきは『お金がほしい』って言うけど、本当は何がほしいの?」。はっきり言って、意味がわかりませんでした。「いや、とにかくお金がほしいんですよ」。そんなの当たり前じゃん、という感じです。

Takematsu's story-2

おかげさまで数千万円する宇宙旅行のチケットを躊躇なく買えるくらいになった今では、柴田さんが言いたかったことがよくわかります。人がほしいのは、お金そのものではありません。お金を使って得たいモノや体験があるのです。だれかと過ごす時間であったり、ほしい車を所有する実感であったり。僕は、この「本当は何がほしいの？」という問いを通して、お金の先にある、自分の人生において本当に大切なものを考えました。

本当にほしいものが見えてくると、そのために必要な金額が具体的に見えてきました。当時の僕はベンツがほしかったのですが、ベンツを買ってだれと何をしたいのか？　他の車ではダメなのか？　新車じゃないとダメなのか？　中古でもいいのか？　などなど。お金ではなく、その先にある「得たい結果」を追求するようになったのです。

僕に限らず、ごくふつうの会社員や公務員の両親のもとに生まれ育つと、お金というものが、あまり身近な存在ではないと思います。お金に慣れていないんです。だから、「お金があれば何とかなる」「できるだけたくさんお金がほしい！」と思ってしまいます。お金があれば今よりも幸せになれるはず、と。でも、そうじゃないんです。本当にほしいのは、お金を使ってしたい「何か」なんです。それが見えてくれば、必要な金額もわかるし、モチベーションが上がって、その目標に向かって自然とがんばれるようになるのです。

「卵が先か？ニワトリが先か？」

これまで「お金をもっと使おう」という話をさんざんしてきたわけですが、そもそも使うお金がないんだよ……と思っていた人もいるかもしれません。でも私たちは、1000円程度の自己投資から始めることを勧めています。ですから、この本を読んでいる人であれば、だれでもすでに投資をスタートさせているのです。

とはいえ、**さらに大きく使うためにどうしたらいいのかといえば、それはやはり稼ぐ金額を増やすことが必要**です。いくら消費や浪費を減らしたところで、そもそも入ってくるお金が少なければ、お金を「たくさん使って、たくさん増やす」ことはできません。ですから、「入ってくるお金」、つまり、自分の収入を増やすことが重要です。

そのためには、やはり自己投資です。**知識やスキルや経験を身につけて、今よりもっ**

と「稼げる人」になることが大事なのです。自己投資によって自分の価値を高めれば、収入を上げることが可能になるからです。

つまり、**お金が増えるお金の使い方をしようと思ったら、まず始めるべきは自己投資**なのです。それで増えたお金を投資や、さらなる自己投資に使って、もっとお金が増えたら、また投資と自己投資をする……。このサイクルこそが、「一生お金に困らないお金の使い方」です。

「卵が先か、ニワトリが先か」という話に似ていますが、この場合は、自己投資が先だと、はっきり断言できます。決して、手持ちのお金で株を買って、その儲けでスキルアップのための勉強をしよう、などと目論んではいけません。

株式投資によって得られる利益は、一般的に平均で年7％と言われます。100万円投資しても、1年後の儲けはたった7万円。しかも、勉強せずに儲かる確率は非常に低いです。初心者が勉強せずにやっても、損する可能性が大きいと思っています。

私たちは長年「株の学校ドットコム」というサイトで、お金の教育を広める目的で株取引を教えていますが、**株というのは、手持ち資金が200万円以上ないと費用対効果が低い**、とずっと提唱しています。だから、最初の資金で行う投資は自己投資にしなさい、とも伝えています。

また、株は買っておしまいだと勘違いしている人も多いのですが、それは間違いです。「株の学校ドットコム」が専門に行う株式トレードでは、売り買いをくり返すことで、資金を1年で2倍に増やすことも可能ですが、これには専門の勉強が必要です（投資とトレードの違いは後述）。運転免許を持たない人間が、いきなりF1レースに出ても勝てるわけがない、というのと同じくらい力の差が出る世界なのです。

でも、自分に100万円を投資して資格を取ったり、スキルを身につけたりすれば、1年後には、その資格やスキルを活用することで、毎月7万円プラスで稼げるようになっている確率は非常に高いです。たった2年で、投じたお金を回収するだけでなく、利益を出せるのです。

このように**自己投資は、とても効率のいい投資であり、なおかつ自分でコントロールできるため、より確率も高い**わけです。

株式投資では、「利回り」や「ROI（投資対効果）」が重要だと、言われればだれでも納得する常識があります。投じたお金に対してどれくらいの利益が出るか、という指標であり、どれくらい効率的に儲けを出せるか、の判断材料です。これはビジネスの世界でも同じです。

多くの人は、投資やビジネス以外では、こうしたことを考えません。でも、**どんなお金でも「利回り」や「ROI」をしっかり考えて使うことが、より確実に、より効率よく、お金を増やせる考え方**なのです。お金を使うときはリターンを考えて使うべきだと述べましたが、これは**「常に投資対効果を考えてお金を使いなさい」**ということです。

自己投資で「稼げる人」になることは、効率がいいだけでなく、より今後の可能性が広がる投資です。最初に投資するなら自己投資。これは投資の鉄板といえます。

稼ぎを増やす思考法

では、具体的にどうすれば「稼げる人」になれるのでしょうか。

正直に言って、すべての人が同じ仕事をして稼げるわけではありません。それに、何をするべきかは人によって違うので、私たちが明確に答えを持っているわけではありません。

そのためここでは、あなた自身で自分の給料を上げる考え方についてお話をしていきます。

まず、自己投資といって多くの人が思いつきやすいのは、資格をとったり、専門スキルを身につけたりすることです。

しかし、多くの人が資格や専門のスキルに対して間違った考え方をしています。それは、資格やスキルを身につけること自体が目的になっているということです。その先のリターンという報酬を手に入れる戦略が抜けてしまっている場合が多いのです。

成功するビジネスの基本も、会社員として高い給料をもらう人の基本も同じです。鍵となる要素は、すでにお話ししてきている「価値」の提供です。その価値をほしい人が多くなれば、あなたの報酬は上がります。

つまり、**「需要」に対して「供給」が少ないところを選べばいい**のです。

あなたが会社の社長で、社員を雇うという立場であると仮定してください。そのとき、どんな人には高い給料を出そうとするでしょうか？

「挨拶がしっかりできる」「愛想がいい」「お世辞を言ってくれる」というものを思いつくかもしれません。または、「仕事が早い」「営業マン」「年功序列だから、年齢が上の人」

などなど。

でも正解は、「**価値のある仕事をしている人**」です。

投資リターンのところで、「価格」が上下する話をしました。ほしい人の数（需要）と提供する人の数（供給）のバランスで、需要が大きいと価格が高くなる、という話です。基本的に、あなたの給料を決めるのも同じ考え方です。

たとえば、医師の平均年収は１２００万〜１５００万円で、世間的には非常に高給取りですが、それも需要と供給のバランスです。適切な治療はどの時代にも求められますし、今後は高齢者が増えて、健康へのニーズもさらに高まることでしょう。

そのため、優秀な医師の需要は高い。しかし、だれでもなれるものではなく、しかも優秀な人となると供給が少ない。だから、今後も給料が上がっていく。

別の例で言えば、宅地建物取引士（宅建）の資格を取っておくと、不動産業界では年

稼ぎは需要と供給のバランス

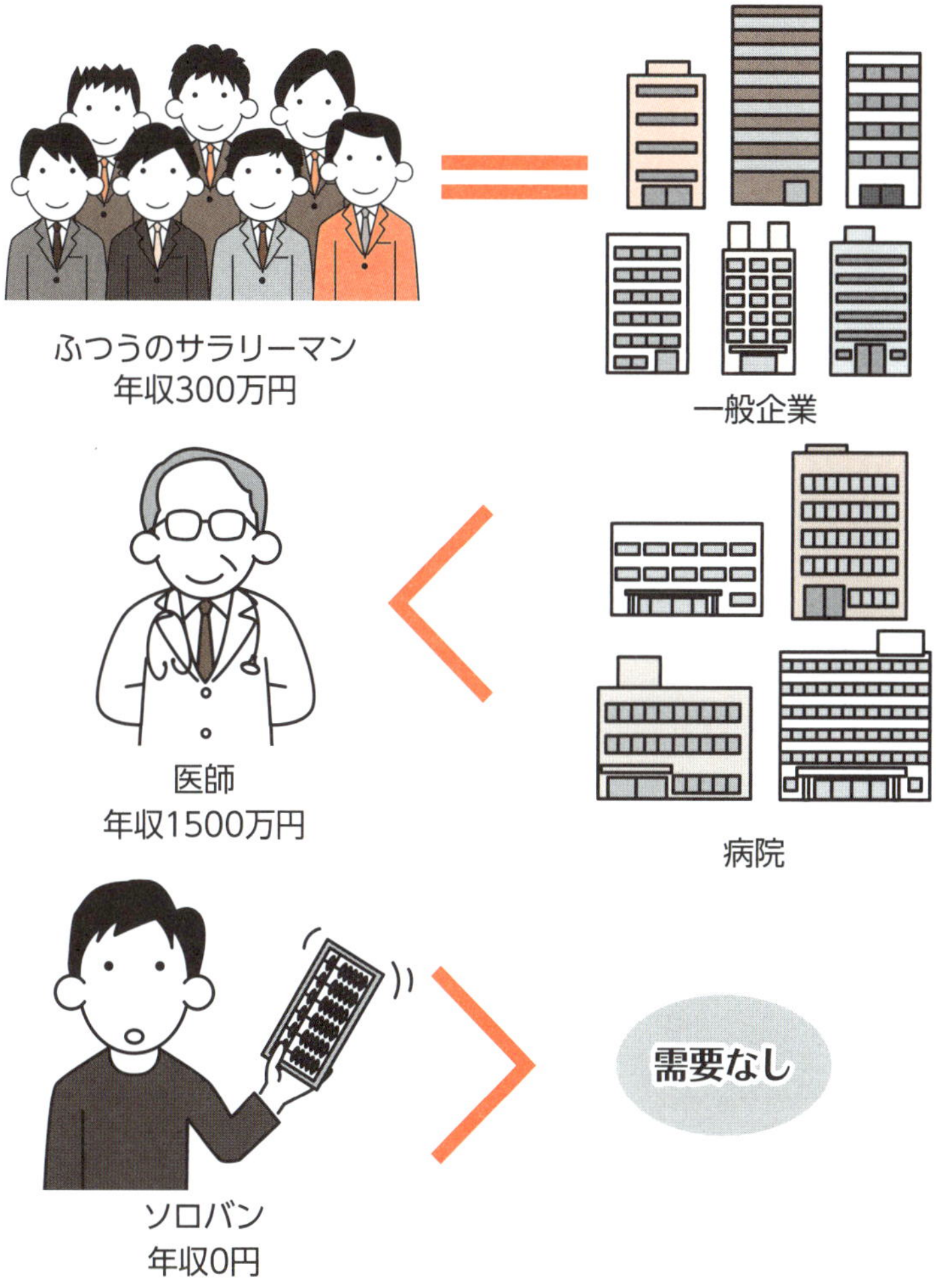

収が上がります。なぜかというと、宅建を持っていないとできない仕事があるからです。つまり宅建を持った人に対する需要があります。宅建を持っていない人より、持っている人のほうが価値が高いとされるので、給料が上がります。

では、今あなたがソロバンをマスターしたらどうでしょうか？

はっきり言って、ソロバンができる人をほしがっている企業なんてありませんよね？ということは需要がありません。そうなると、ソロバンというスキルがあっても、あなたの価値につながらないのです。いくら努力して時間をかけてがんばっても無駄、ということです。

要するに、**自分がその資格やスキルを取ればどれくらい収入が上がるかは、需要と供給があるかを考えたうえで判断することが大切**なのです。

資格やスキルそのものがお金を生むのではありません。結局のところ、需要が高い価値のある仕事をして、社内には他にできる人がいないのであれば、給料が上がるのです。

なぜなら、あなたがいないと会社としては困るわけですから、高い給料を払ってでも引き止めたいと思うからです。これが基本の考え方です。

給料の上げ方はフェラーリに学べ

フェラーリという車は、非常に高価な車だという認識があるでしょう。このフェラーリを手に入れるためには、半年待ち、1年待ちは当たり前なのですが、世界中の人がこの高級車を手に入れるために、先にお金を入れてから待っているのです。

そしてフェラーリには、あなたが給料をアップするために必要な考え方があります。それは、フェラーリの創業者であるエンツォ・フェラーリのこの言葉です。

必要な数よりも1台少なく作れ。

これはまさに、「需要」と「供給」のバランスを考えて、価格を上げていくための考え方であると言えます。

フェラーリ社は2002年、創業者の名前を冠した「エンツォ・フェラーリ」という新車を販売することにしました。創業55周年の記念として生産されたスーパーカーです。約7500万円での販売を予定していたところ、事前リサーチで350台は確実に売り切れる、という結果が出たそうです。

その後、フェラーリ社は、顧客たちへの説明会で、こう宣言しました。「350台は売れるという予想が出たので、349台を生産します」

なぜ、こんなことをするのか？　それは、ほしい人よりも供給する量が少なければ、価格が上がるからです。そして、手に入れることができなかった人々は、次の商品が出たときにほしくなるのです。また、この限られた人数に入って購入できた人は、さらにファンになります。

これを実現するための方法が、「必要な数よりも1台少なく作れ」という創業者の言葉なのです。

ちなみに最終的には、追加として50台が生産され、合計399台が世に送り出されました。

世間では、お客様の需要よりも多く作って供給することで、少しでも売上をあげようとする企業が多いです。しかし、この方法を取ることは、商品の価格が下がることにつながります。

売れ残ったコンサートチケットなら、定価よりも安くして売り切ろうとします。このように需要よりも供給が多いと値段は下がります。さらに、もともと高く買った人は、自分が買った後に商品の値段が下がっているわけですから、不満です。

せっかく最初にチケットを購入したファンも、「ファンを裏切ってまで安くするなんてひどい」と思うわけです。そうやって、次のコンサートには来てくれなくなるということです。

あなたが給料を上げるために必要なのは、この需要と供給のバランスを考えて、需要が多いのに、供給が足りていないポイントに行くことです。

簡単に言えば、**多くの人に喜びを与えられるような、求められる人になること**。これが、あなたの給料を上げていくための考え方です。

もちろん、これはビジネスをする場合でも同じです。多くの人の悩みを解決して、喜びに変えてあげられるビジネスはいつの時代でも求められているのです。

学びは、「あり方」と「やり方」の両方を

ここで、自己投資で何かを学ぶときのヒントをお話ししておきます。なぜなら、この学び方を知っているか知らないかでリターンが変わるからです。

何かの勉強をする場合、実は2種類の学ぶべき区分があります。それは、「あり方」と「やり方」です。「あり方」は、人としてどういう人間であるかということ。「やり方」は、あるスキルを具体的にどういう手順で使うと効果が出るか、ということです。

たとえば、営業マンとして成功することを考えてみましょう。世の中に溢れているハウツー本には、「やり方」が書かれています。こんな営業トークで契約が取れるとか、どんな外見なら信頼感が出るか、といったことです。

手軽にできる手法も多いので、簡単に実践できるメリットがあります。

ただし、前提条件がバラバラなことが多く含まれているために、実際には使えないケースが多いのです。「営業トークでこんなことを話せ」という事例があっても、著者と異なるものを売っていれば、そのまま使えることはありません。洋服を売る人と、車を売る人と、家を売る人と、芸術品を売る人のセールストークは当然異なるものです。

「人と仲良くなる会話術」という本を読んで、会話の事例そのままを、だれに対しても使ってしまう人がいます。もちろん、状況がぴったり合えば使えることもあるでしょう。参考にはなるのもわかります。

しかし、「やり方」だけを学んでも、かなり限定されたケースでしか使えないのです。

効果的な広告方法とか、今ヒットしているジャンルは何かとか、限定されたケースであっても使える「やり方」もあります。ただし、そのデメリットは、常に自分に合った情報を入れ続けなければいけないという点です。

一方の「あり方」を書いた本として代表的なものは、私たちも関わっている『7つの習慣』（スティーブン・R・コヴィー著）でしょう。この本は、「成功する人のあり方」にフォーカスしています。

「あり方」とは要するに、物事の考え方や心の持ち方です。

たとえば、営業マンとして成功し続ける「あり方」として、「自分の都合よりお客さんのニーズを大事にする」があります。成功し続ける営業マンは、必ずお客さんのニーズを聞き出します。そのニーズに合った商品を勧めるから、多くの契約を取れるのです。

では、「お客さんのニーズより、自分の都合を大事にする」営業マンはどうでしょうか？ あなたが絶対に自分に似合わないと思う服を無理に勧めてくる店員が完璧なセールストークをしてきたとします。でも、肝心の「あり方」ができていない。

これでは、たまたま売れることもあるでしょうが、売れないことがほとんど。しかも、商売が変わってしまったら、また一からやり直しになってしまい、効率が悪いのです。

成功し続ける人の「あり方」に目を向けていくと、いつの時代でも、場所を変えても、商売を変えても応用することが可能です。もちろん、洋服を売る人と、車を売る人と、家を売る人と、芸術品を売る人では、表面的なセールストークは異なります。

でも、成功するセールスマンとしての「あり方」は「自分の都合よりお客さんのニーズを大事にする」であり、一度これを覚えてしまえば、基本的には何でも売れるのです。

しかし、「あり方」にもデメリットがあります。応用が利くということは抽象度が高いということで、身につけるまでに時間がかかることが多いのです。

以上を踏まえて、私たちは、**「あり方」も「やり方」も両方が大事**だと言いたいです。最初は「やり方」を中心に学ぶほうが取っ付きやすいでしょう。でも、あわせて必ず「あり方」も身につけてほしいのです。

そうすれば、どんな業界でも、時代を超えても活用することができ、学んだ後の成長が楽になります。つまり、**一度の勉強に対してのリターンが長期間にわたって継続する**ことになるのです。

学びには「あり方」と「やり方」があることを理解し、両方を学ぶ姿勢を持ってください。

95%の人は数値化しない

私たちはよく、こんな質問を受けます。「私は成功したい。もっと稼げるようになりたいんだけど、どうしたらいいのか？」。私たちはこう尋ねます。「どんな成功をしたいの？　収入がいくらで、資産はどれぐらいほしいの？」

さらにこう尋ねます。「どんな場所で、どんな家に住んで、どんな生活をしたいの？何がほしいの？　それらをいつまでに実現したいの？」などなど。

成功や人生設計は、投資とまったく同じ概念です。人生のいつの段階で、どんなライフスタイルを達成していたいか。これが、人生を設計するポイントです。

そして、時間やお金の無駄を極力避けるために、投資対効果をしっかり考える必要があります。**成功や人生設計も、投資のように数値化する**のです。

最初に目的を確認することではじめて、どんな成功をしたいのか、そのためにどれぐらい資源が必要なのか、という数値がはじき出されるのです。

たとえば、多くの人が目標年収を持っています。「目標は年収1000万円」という人にたくさん会ってきました。しかし、多くの人がその目標にはたどり着きません。なぜなら、数字だけが一人歩きして、本当にほしいものになっていないのです。だから、がんばって行動を変えるためのモチベーションにならない。当然、目標は叶わない。

では、どうすれば意味のある数値が出せるのでしょうか。

そのためには、あなたの理想のライフスタイルから考えていきます。衣食住について、理想の1か月を考えてみてください。できるかどうかは関係ありません。夢の衣食住でよいのです。

まず住居です。あなたが住みたい家は、どこで、どれくらいの広さで、そこにだれと住みますか？　そして、家賃はいくらでしょうか？（ここでは仮に月30万円）

次に食事。どういう食生活をしたいでしょうか？（同じく、1日5000円で月15万円）

衣類はどうでしょうか？（20万円くらい服が買いたいとします）

すべて足すと、30万円＋15万円＋20万円＝65万円。12か月で780万円です。年に3回は海外旅行をしたいとして、1回20万円で計60万円。合計で840万円です（ここでは税金は考慮しません）。

つまり、840万円の年収があれば、あなたは理想の生活ができるということです。

多くの人は、なんとなく年収1000万円と言いますが、そこに意味を見出している人はほぼいません。今の計算では、840万円でいいとわかりました。

1000万という単なる数字を目標に掲げるのではなく、具体的にあなたの得たいライフスタイルからはじき出した金額が840万円だったのです。

あなたの「理想の生活」は？

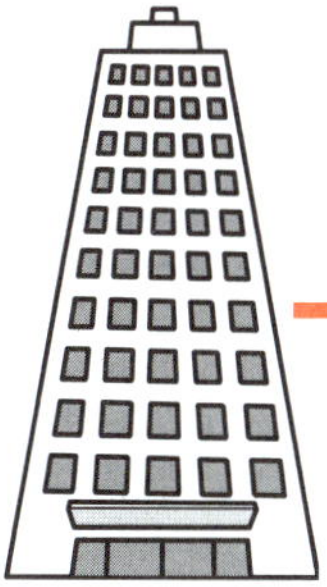

タワーマンション
(90m² 3LDK)
家賃30万円

＋

豪華な食事
(5,000円／日)
毎月15万円

＋

ブランドの服
(1着10万)
毎月20万円

＋

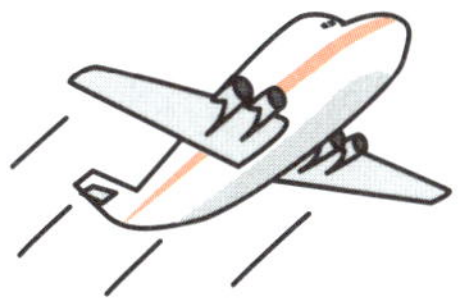

年3回の海外旅行(20万円／回)

→ **計840万円**

これだけの年収があれば
理想の生活ができる

年収1000万円をめざす必要はない

あとは、この生活をいつ手に入れたいのかを考えます。1年後か2年後かもしれませんし、5年後でいいのかもしれません。これはあなたが決めてください。

すると、あなたの本当に過ごしたいライフスタイルのために必要な金額と期限が決まります。お金を稼ぐ意味が自分の理想と直結していると、人は頑張ることができます。

そして、なんでもかんでも年収を上げればいいというわけではなく、自分の理想に沿った形で金額が決定できます。もちろん、今の例は適当に数字を入れたものですから、住む場所が変われば金額も違うでしょうし、価値観によっても違うでしょう。また、子どもがいれば他の費用も当然かかるので、それらを考慮した数字にしてください。

ここで言いたいのは、**「お金持ちになりたい」という願望は、しっかり数値化しなければいけない**、ということです。

そして、**「いつまでに、いくらほしいのか」を考えるには、「どういう自分になり、ど**

んなライフスタイルが送りたいのか」が先に明確でなければいけません。理想のライフスタイルを明確にすれば、5年後に3000万円で足りるのか、1年後には1000万円必要なのか、という判断ができるからです。

理由が明確になり、ゴールが数値化されれば、道のりもはっきりと見えてきます。そうすれば、叶えられる確率もずっと高くなるのです。

年収を上げるための投資法

「稼げる人」になるには、「いつまでに、いくら稼げるようになりたい」という明確な目標が必要だという話をしました。そして、単にお金を追うのではなく、理想のライフスタイルに沿って金額を決定するといいとお伝えしました。

では、数値目標ができたら次はどうするのか、という話に移りましょう。

ひとつの目安として「**ほしい年収の3％を自己投資に使いなさい**」と言われます。今の年収の3％ではありません。将来ほしい年収の3％です。「そんなに？」と思うかもしれませんが、リターンを考えれば決してそんなことはありません。

年収1000万円をめざすなら、年30万円を自己投資に使います。月にすると2万5000円。これくらいなら、月収が20万円以上あれば、なんとかなるのではないでしょうか。

どうしても月に2万5０００円が難しいなら、それは目標設定をやり直したほうがいいでしょう。どんなにがんばっても月1万5０００円しか自己投資に使えないのであれば、逆算して、まず年収６００万円をめざすべきです。

年収６００万円が達成できたら、毎月5万円は自己投資に使えるはずです。そうすると、年収２０００万円をめざすことができる計算です。

もちろん、実際に達成できるまでの年月も重要な要素なので、あわせて考えなければいけませんが、このように数値にしてみれば、一気に現実味が湧いてくるのではないでしょうか。数値化の大きなメリットです。

金額がわかったら、今度は、それをより効率よく使うことを考えなければいけません。同じ年収1０００万円というゴールにたどり着くのでも、3年かかる道より、1年で行けたほうが投資対効果がいいのです。つまり、何を、どう学ぶか、です。

本を読んだり、セミナーに通ったり、学ぶ方法はたくさんあります。公認会計士の資格をとるなら、専門の学校に通ったほうが確実でしょう。でも、なかには独学で合格できる人もいるかもしれません。
自分にとって最適なルートを探す必要があるのです。もちろん、最初から見つかるとは限りません。うまくいかないな、効率が悪いなと感じたら、別のルートを探るべきでしょう。常に投資対効果を考えていれば、自然とそういう意識が働きます。

投資対効果ということで言えば、必ずしも「小さい投資で大きく稼ぐ」ことだけが重要ではありません。**「大きい投資で、もっと大きく稼ぐ」ことを考えてもいい**のです。
たとえば、100万円するセミナーがあって、それで年収500万円だったのが年収1000万円になれると言われたら、高いと感じるでしょうか？

もちろん、行ってみなければ実際にどうなるのかはわかりません。ですが、100万円出して1年後に年収が1000万円になるということは、プラス500万円の収入があるわけです。これだけでも大きなリターンがあると考えられます。

このように、セミナーそのものが高いとか、本の値段が高いとか安いといった議論はあまり意味がありません。なぜなら、**あなたが得たい結果の大きさによって、リターンが大きいかどうかが変わる**からです。

私たちも、2日で50万円するセミナーに参加したことがありますが、非常に安いものだったと言えます。なぜなら、そこで学んだことを活用して、億単位の売上を作り上げているからです。

くり返しますが、必ずしも「小さい投資で大きく稼ぐ」ことをめざすのではありません。「大きい投資で、もっと大きく稼ぐ」ことを考えてもいいのです。

100万円のセミナーにしろ、1500円の本にしろ、大事なのはリターンです。そこから学ぼうとする意欲と、実際にリターンを得る努力がなくては、結局のところ自己満足にすぎません。でも、意欲と努力があれば、どんなものからでも学べます。

どうせ投資をするなら、大きくリターンを得たほうがいい。それは「自己投資」も同じです。たくさん学んで、たくさん稼げるようになるために、学んだことを価値に変え、世の中に喜びを生み出してください。

33歳でセミリタイアを果たすには

私は新卒の23歳で大手の住宅メーカーに就職しました。歩合制の営業職を選び、月2000件以上の飛び込み営業をするなど、かなりハードに働きました。その後、26歳で独立し、27歳で結婚しました。

30歳のとき、子宝に恵まれたことを機に今後のライフプランを立ててみたら、このままではまったく老後の生活が成り立たないことがわかって、愕然としたのです。

そのとき、子どものためにはやっぱり保険はちゃんとしておかないといけないなと思って、自分であれこれ調べてみたんです。そうすると、保険会社に支払っているお金のほとんどが広告費や会社の経費に使われていて、そんなことのために保険料ってこんなに高いんだ！　とびっくりしました。

そこで私は、最初の経済的目標を「保険に入らなくていい生活」に設定しました。火災保険や自動車保険などの損害保険には当然入るのですが、生命保険や医療保険はお金の無駄、と判断したのです。

それから投資について考えるようになりました。当時、ゼロクーポンというアメリカ国

Shibata's story-3

債が売り出されて、それが10年で2倍になると聞いて早速買いました。さらに、ロシアの携帯電話会社やブラジルの食品会社などの株を買い、株価がどんどん上がっていく様を目の当たりにして、投資ってすごいんだな、と素直に思ったものです。

その後、不動産投資の強みを知って、そこでようやく、自分が不動産の専門家だと気づいたんです。セミリタイアという考え方も、投資の勉強をするなかで初めて知りました。当時の私は、とにかく子育てをしたくて仕方なかったので、株と不動産で不労所得をつくってセミリタイアして、ずっと子育てをしていよう！ そんな野望を立てたわけです。

不動産投資を始めてから2年足らずで、その野望は果たされました。資産が自動的に増え続ける仕組みをつくって、無事にセミリタイアできたのです。

娘が小学校に上がるころには、（残念ながら）つきっきりの育児の必要はなくなりました。また、セミリタイア中にもいろいろな方からビジネスに復帰しないかという声をかけてもらっていたので、このビジネスの世界に舞い戻ってきました。

実はセミリタイア中も、自分が納得できるまで投資やビジネスの勉強をしていました。もし、私が「遊んで暮らしたい」という思いでセミリタイアしていたのなら、現在の投資もビジネスも、こんなふうに成功していなかったのかもしれません。

株で2倍になる人、ならない人

自己投資で「稼げる人」になったら、いよいよ投資でお金を増やすことを考えます。投資にもいろいろありますが、**お金でお金を増やすという点で効果的な方法は、株式投資や不動産投資などの、いわゆる投資**です。

株式にしろ不動産にしろ、「やっている人」と「一切やっていない人」に大きく分かれる傾向があります。後者の場合、まったく未知の世界だ、自分には縁遠い世界だ、と思っている人も多いのですが、そんなことはありません。

これらの投資は、100円で買った株が、200円にもなるし、時には1万円にもなります。ただし、0円になるリスクもあるので、**成功するためには正しい知識が必要**です。

でも、知識を身につけて、自分の目的に合った選択をすれば、あなたの人生を輝かしいものにしてくれる、心強い味方になるはずです。

株式投資は、前にも説明したように企業に対する投資です。でもその実態は、「株式」という企業の所有権を分割したものを、お金で買う行為です。その細分化された所有権の価値（株価）が変動することで、利益を得たり損したりするので、成功するかどうかは企業の業績次第、とも言えます。

だから、株式投資でリターンを得るには、その企業のことだけでなく、業界全体の状況、経済の動きなど、あらゆる要素を理解する必要があります。

つまり、**ビジネスをわかっていないと、成功する投資は難しい**のです。

また、株式投資の平均的な利回りは、大体、年7％程度と言われています。100万円で株を買っても、1年で107万円にしかなりません。

たしかに、1年で急激な成長を見せて、株価が大幅に上がる企業もありますが、同時に、不祥事などで急に業績が悪化し、株価が暴落する企業だってあります。

暴落や破綻のリスクを負ったうえで、年7％程度の利益を期待してお金を投じるのが、まさに「投資」なのです。はっきり言って、少額のお金を増やすには効率がよくありません。

また、実のところ、５０００万円以上の資金がなければ、企業の成長に期待する「投資」はすべきではないと私たちは思っています。

では、どうすればいいかというと、「トレード」をするのです。

投資とは、その会社の価値や将来の成長に資金を投ずることです。一方**トレードは、株価の値動きに注目して、株式市場の参加者の「売りたい」「買いたい」という都合や心理を考慮して、それを手助けすることで利益を上げる方法**です。

投資に比べて、景気の良し悪しもほとんど関係ありませんし、下がっている相場で利

投資とトレードの違い

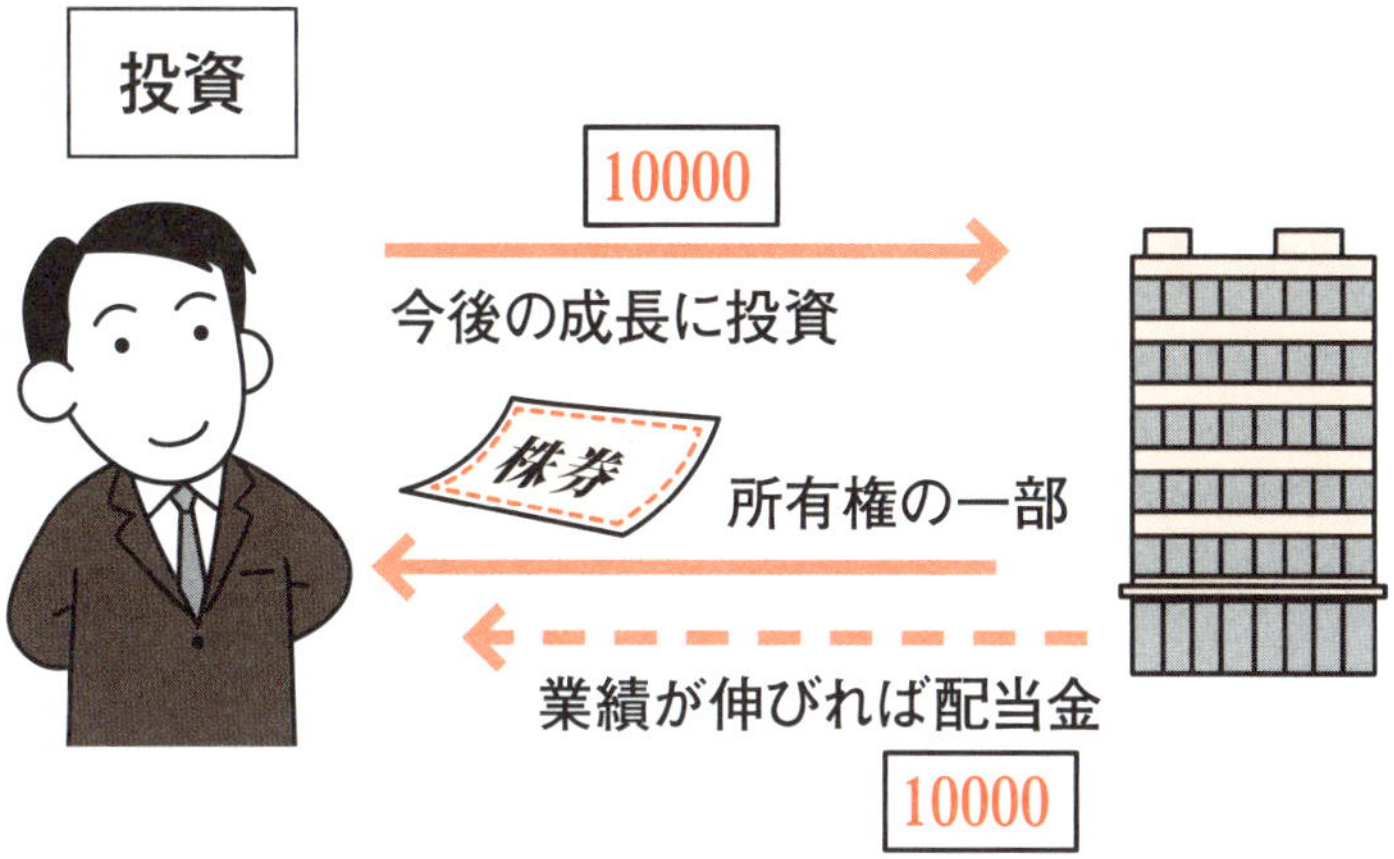
投資
10000
今後の成長に投資
株券
所有権の一部
業績が伸びれば配当金
10000

トレード
B社を売って
A社を買おう
A社の株価
B社の株価

益を上げることも可能です。だから、景気が上がり続けないと利益が出ない投資と比べてチャンスも多く、年間を通した利益も投資に比べて何倍、何十倍にもなる可能性があります。

もし株価が上がると予測したら、株を購入して、実際に上がったら売ります。反対に株価が下がると思えば先に空売りし、下がったら買い戻します。これをくり返すのが「トレード」です。

もしかするとギャンブルのような印象があるかもしれませんが、**しっかりと資金管理を行い、期待値の高いルールで売買をくり返せば、投資よりも安全に資金を増やすことも十分に可能**です。

そして、**このトレードなら、200万円の資金でも、お金を増やすという目的のためにやる価値があります。**

それでも、思ったより大きな資金が必要だな、と感じたかもしれません。ならば、まずは自己投資をして稼ぐことが先なのです。

※株式投資については、柴田博人が監修した『株の学校』（窪田剛・著／高橋書店）があります。くわしくは、ぜひこちらを参考にしてください。

いちばん大切な金利の話

株式に似たものに、債券があります。よく耳にするわりには、株式よりもなじみが薄いかもしれません。

国や企業などが、資金を集めるために発行するもの、という点では、債券と株式は同じです。大きく違うのは、債券は買った時点で「いつ、いくらのリターンがあるか」が約束されている点です。

たとえば「金利１％の10年債」という債券があります。これは、10年間お金を貸す代わりに、毎年１％の利子を受け取れる、という債券です。もちろん、貸したお金は10年後には全額戻ってきます。これが債券の仕組みです。

しかも、民間企業だけなく、国や地方自治体が発行できるのも、大きな特徴です。ただし、どんなに毎年の利子が約束されていても、発行した企業がなくなれば、その債券の価値はゼロになり、貸したお金も全額は返ってきません。

国や自治体が破綻することが絶対ないとは言えないので、完全にリスクゼロとは言い切れませんが、発行したのが国や地方自治体なら、潰れる確率はかなり少ないとも言えますし、何の兆候もなく国が急に潰れることは、まずないでしょう。

そう考えると、ものすごく確率が高く、魅力的な投資に思えるでしょう。それなのに、なんでもっとみんなやらないのだろう、と不思議に思うかもしれません。それは、今は金利が低いからです。

債券の金利は、中央銀行（日本の場合は日本銀行、米国ならＦＲＢ）の政策金利というものに影響されます。

景気があまり良くないときは、政策金利を下げて、中央銀行から民間の銀行が資金を借りる際の金利を低くし、民間銀行から企業への貸し出し金利が下がるようにします。それによって、世の中にお金を回しやすくするのです。

そんなわけで、今の日本の政策金利は、マイナス金利になっています。したがって、現在、日本国が発行する国債も、10年債で大体0・05%くらいの金利しかついていません。10年国債を100万円分買うと、10年間、毎年500円の利子が得られる計算です。

ただし、債券は定期預金と違って、それ自体を売買することができます。金利がいまより下がれば、金利0・05%の債券の価値は上がり、流通価格は1万円より高くなります。

このように債券は、金利と密接にかかわっているため、難しい印象があるかもしれません。しかし金利は、株価にも、もちろん銀行の定期預金の金利にも影響を及ぼします。つまり、今後のお金の流れを左右する重要な要素なのです。

したがって、**小口でもいいので債券を買うと、金利を知るいい勉強になります**。しかも、株式がインフレに強いのに対して、債券はデフレに強いという性質があるため、両者を組み合わせることをおすすめします。

言うまでもなく、ここではかなり単純化して説明しています。いくらリスクが低いとはいえ、何の知識も持たずにお金を投じてはいけません。勉強しながら少しずつ……という気持ちを忘れないでください。

株式も債券も、今はインターネットで簡単に購入することができます。最初から大金を投じるのは危険ですが、怖がって手を出さないままでは、いつまでたってもお金は増えません。

若い人こそ、不動産投資を

株式と債券を組み合わせることは、金利を知るうえでも、リスクを分散するうえでも、とても有益なので、ぜひやっていただきたい方法です。そして、ここに不動産を組み合わせれば、無敵になります。

不動産投資は、投資の中でも安全度が高い投資です。なぜなら、**不動産は、大きな天変地異が起こらない限り、価値がゼロにならない資産**だからです。

また、長い期間、資産価値が安定する投資でもあります。さらには期間をかければかけるほど、リスクが減ります。だから、若い人こそ不動産投資をすべきだと思いますし、かける時間が長ければ長いほど、得られる利益も大きくなります。

不動産投資には、主に２つの戦略があります。ひとつは現金で投資をする戦略。もうひとつはローンを組んで行う戦略です。それぞれには特色があり、目的に合わせてうまく組み合わせて使うと非常に有効です。

ここでは、ローンを組む戦略ではなく、現金で着実に将来の資産と収入を作る戦略を具体的に説明したいと思います（ローンを組む戦略については、特典映像で解説していますので、インターネット上の専用サイトでも学べますので、ぜひ巻末ページを参考にしてください）。

まず、現金で安全に不動産投資を行うには、人気のある地方都市の、３００万円くらいの物件から始めるのがいいでしょう。あまり知られていませんが、物件価格が３００万円程度の金額で、年利回り10％や20％が出るような物件は実は数多くあります。

購入資金は、毎年１００万円ずつ、３年計画で貯めて作る計画を立ててみてください。その間に、不動産取引の勉強をしたり、いい物件を探したりすることをお勧めします。

年間100万なんて大変と思うかもしれませんが、この投資方法には、それに見合う以上に大きな見返りがあります。**現金で不動産を手に入れれば、その瞬間から、安定的に富をもたらしてくれる資産になります。しっかり運用すれば何十年も続く**のです。

まずは別表を見てください。毎年100万円貯金した場合と、3年ごとに300万円を不動産投資に使った場合のシミュレーションです（わかりやすく計算するため、税金などは省略していることをご理解ください）。

現金で毎年100万円を貯金すると、21年後に貯金は2100万円になります。利息も付くでしょうが、とても「収入」とは呼べないぐらいの金利です。

一方、毎年100万円を用意し、3年ごとに不動産投資をした結果、21年後の不動産資産額は5262万円になります。そして、その資産から毎年526万円の現金収入があります。

具体的には、300万円で不動産をひとつ購入したとします。年間の利回りは10％で、つまり年30万円の家賃収入が入るとしましょう。すると、100万円の貯金に加えて、

貯金 vs 不動産投資

年数	貯金		家賃収入	不動産資産額	所有物件
1	100万				
2	100万				
3	100万	300万の物件を買う			
4	100万		30万	300万	1軒
5	100万		30万		
6	100万	390万の物件を買う	30万		
7	100万		69万	690万	2軒
8	100万		69万		
9	100万	507万の物件を買う	69万		
10	100万		119万	1197万	3軒
11	100万		119万		
12	100万	657万の物件を買う	119万		
13	100万		185万	1854万	4軒
14	100万		185万		
15	100万	855万の物件を買う	185万		
16	100万		270万	2709万	5軒
17	100万		270万		
18	100万	1110万の物件を買う	270万		
19	100万		381万	3819万	6軒
20	100万		381万		
21	100万	1443万の物件を買う	381万		
	貯金 2100万		年収 526万	無借金資産 5262万	所有不動産 7軒

↑この貯金は6年でなくなる

↑この資産は毎年500万円を生んで減らない

毎年30万円が貯まることになります。

最初の不動産を買ってから3年後には、貯金が390万円あるということです（100万円×3年＋家賃収入30万円×3年）。そこで、390万円で利回り10％の物件を買うのです。すると、300万円の物件と390万円の物件から、30万円と39万円の家賃収入があり、合計69万円が入ります。

年100万円の貯金をさらに続けて、69万円の家賃収入も加えると、次の3年後には507万円のお金ができています。これを元手に、507万円で利回り10％の物件を購入します。すると、年間の家賃収入に50万円が追加されます。

このようにやっていくと、12年後には、所有不動産は4軒、家賃収入は年185万円になっています。しかも借金はありません。さらに3年後また物件を買うと、5軒で年間270万円。さらに3年後にもう1軒購入すると、物件は6軒。

こうして21年後には、5262万円の無借金資産と年間526万円の家賃収入が入ってくるのです。

年間526万円の家賃収入があれば、セミリタイアも夢ではありません。大きな贅沢はできないかもしれませんが、一般的な生活レベルなら問題ないでしょうし、どれかひとつに自分が住めば、その分、収入も減りますが、かかる家賃はゼロです。

不動産投資と聞くと、ローンを組んでいい物件を手に入れてはどんどん転売して、大きく稼ぐような印象があるかもしれませんが、それはひとつのやり方なだけです。じっくり時間をかけて現金で手に入れる素晴らしさもあるのです。

不動産投資でローンを組むメリットもありますが、現金で取り組むメリットもありますので、それぞれの特長をよく理解してチャレンジしてみてください。不動産投資はだれでも取り組めるものであり、決して怖いマネーゲームではありません。

そして、もし今手元に300万円あるなら、株のトレードが自分に向いているか、不動産投資が自分に向いているかを、ぜひ検討してみてください。

あなたには限界がある

ここまでの話を整理すると、まずは自己投資によって稼げる人になり、そのお金で株や不動産などの勉強をして（これも自己投資）、そこから実際に株や不動産を購入する（ついに投資）――ということになります。

これだけだったら、すでにやっている人も多いのではないでしょうか？　要するに、仕事をがんばってお金を稼いで、ちゃんと勉強してから株を始める、ということだからです。でも、もし十分な成果が出ていないとしたら、何が足りないのでしょうか？

ひとつは、自己投資が足りない、と言えるのではないでしょうか。

ひとつのことしかできない人よりも、10のことができるようになれば、もっと稼げるようになります。あるいは、平均的なプロよりも、トップレベルのプロのほうが稼ぎはいいです。

つまり、もっと知識や経験やスキルを身につけて、もっと稼げる人になる必要がある、ということです。会社をおこすなど、道はいくらでも考えられます。

そうすれば、自分を活躍させられる場が増えて、より多くのお金を稼げるようになるだけでなく、ヒト・モノ・カネという資源も多く手に入れられます。それらを活用して、さらに多くのリターンを生みだせるのです。

しかし……しかしです。自己投資には限界があります。

自己投資は、筋トレのようなものです。ちょっとがんばったからと言って、いきなりムキムキにはなりません。満足できるレベルになるまでには、時間もお金もかかります。しかも、必ずしも期待どおりのゴールにたどり着けるとは限りません。

いちばん足りないのは時間です。能力は努力によって増やせますが、時間は、だれにでも一日は24時間しかありませんし、永遠に生き続けることも不可能です。残りの人生がどれだけだろうと、自分ひとりで学べることには限界があります。

だから自己投資には限界があり、それは自分の時間の限界なのです。

なので、**ある程度のところまで自己投資をしたら、その先は自分以外への投資を増やすべき**です。

そこで株や不動産を購入するわけですが、ここまでのページで見てきたように、株や不動産は、「自己投資に比べてリターンは大きくないが、確率が高い」という性質がある投資です。また、不動産や株を購入しておくスタイルでは、自分がいないところで価値が生まれるという利点があります。

一方で、他人への投資というものもあります。こちらは反対に、「確率は低いけれども、リターンは非常に大きい」ということが言えます。

人というのは、経済以上に予想ができません。どんなにお金を投じても、まったく期待外れに終わる危険性も大いにあります。人を雇う場合にも、活躍する人と、活躍しない人では、雲泥の差があります。でも、無限とも言える可能性も秘めています。

なので、株や不動産で資産を増やし始めることとあわせて、他人に投資することも考えましょう。それによって、自分が活用できる資源が一気に広がるからです。

まず、自己投資で稼げる人になる。しっかり学んだうえで、株や不動産の購入を検討する。

さらに自己投資して、もっと稼げるようになる。同時に、自分以外の人にも投資して、より大きなリターンをめざす。

これが、確率の高いお金持ちへのロードマップです。

限界を超えて収入を増やす方法

「他人に投資する」と聞くと、大企業の社長さんのイメージかもしれませんし、パトロンのようなイメージを持つかもしれません。あるいは、人助けとかボランティアなどを思い浮かべる人もいるでしょう。しかし、たくさんお金を稼いだら、それを他人にも還元すべきだ……と言いたいわけではありません。

他人への投資の最大の魅力は、レバレッジ効果です。「レバレッジ」とは、てこの作用のこと。つまり、小さな力で大きなものを動かすことです。

自己投資には限界があります。たとえどんなに豊富な知識やスキルを身につけても、結局のところ、自分はひとりしかいません。だから、活躍させられる（＝稼げる）場にも限界があるのです。

人に投資すれば、自分が活用できる知識やスキルが増え、活躍の場が広がり、「できること」が増えます。それはつまり、お金が入ってくる入り口が増えるということです。

さらに、**人に投資すれば、「時間」という貴重な資源を手に入れることができます**。

お金持ちは「時間」という感覚を非常に大切にします。費用対効果(「いつまでに、何を、どれだけ得られるのか」)という点でもそうですが、そもそも時間が足りない、というふうに考えています。ビジネスにしろ投資にしろ、しっかりと準備して、失敗のないように実行するには、それ相応の時間が必要だからです。

だから、時間を手に入れるために人に投資するのです。**自分だけではできないことを、自分の代わりにやってもらうために、人にお金を使う**のです。

これをどんどん進めていけば、会社という組織になります。お金持ちになる方法のひとつとして、「事業をおこす」ことは必ず挙げられる選択肢ですが、自分にはまったく関係のないことだと考えている人もいるかもしれません。

でも、よりたくさん稼ぐためには、自分ひとりの体では追いつきません。それよりも、自分の代わりに動いてくれる人が5人いれば、自分はそれ以外の部分に時間を使えるので、結果的に5倍以上のリターンになるはずです。

自分が1万時間の勉強をして専門家になるより、専門家の友達を持ち、他人と力を合わせる。そんな考え方が、人の手を借りて自分の時間とお金を生み出すコツになります。

ただし、すべてを人からもらうのではなく、自分が先に何かの専門家になり、他人の資源になってあげることを考えるのも、とても大切です。

また、価値を判断できるレベルになるには、やはり自分も知識を持つ必要があります。その基準としては、やってほしいことを指示できるレベルの知識があればいいでしょう。

人に投資するコツは、周りの人を喜ばせるという視点を持つこと。

どんなに高級なレストランも、人を誘えば、浪費ではなく投資になる、という話をしました。自分だけで楽しもうとせずに、周りの人にも楽しんでもらおう、という気持ちが「人への投資」につながるのです。

一方的に他人だけを喜ばせる必要はありません。**自分が喜べること、楽しめることに他人を巻き込む**のです。自分も他人もという考え方であれば、途端に気が楽になるのではないでしょうか。まず自分の満足ありき、でＯＫなのです。

それに、人を喜ばせることを投資と考えれば、お金がなくてもできます。しかも、人を喜ばせることのリターンは計りしれません。

その上でも、やはりさまざまな自己投資をして、人としてのあり方を磨き、他人から見て魅力のある人間になっておかなくては、だれも自分のために動いてはくれません。そして、信頼関係を築くことも、大切な投資です。

人への投資は、活用できる資源を増やし、時間をお金で買うことでもあります。そのリターンは無限大。究極の、お金が増えるお金の使い方、と言えるのかもしれません。

1億円プレーヤーたちの世界をめざして

高校時代は野球ばかりやって、勉強は二の次か三の次くらいにしか思っておらず、成績は良くありませんでした。しかし、当時野球を指導していただいた、メンタルトレーニングの権威である西田文郎先生に言われたとおりに実践すると、テストの点数はうなぎ登り。6か月ほどの勉強で、志望校だった千葉大学工学部に合格しました。

このことが、「意味のある知恵を学ぶと、人生は簡単に変わる」というシンプルだけど貴重な成功体験になっています。その経験から、私は何かに困ったときは、自己啓発書やビジネス書を読んだり、セミナーに参加したりして、多くのことを学んできました。必要な知恵を覚えることで、自分のようなふつうの人間でも、ふつうではない結果を出すことが可能だと、実体験で知ったからです。

僕は、一流のプロ野球選手のような年俸がほしいと考えていましたが、それを一般企業やビジネスの世界で実現することは、かなり確率が低いとわかっていました。でも、数億円の年収を稼ぐ人が実際にいる、という事実も知っていました。だから、その人たちが実践していることがわかれば、自分にもできるんじゃないか。そんな考えをもとに、ひたすら自分に投資して、あらゆることを学び、実践していったのです。

そのなかで、これからまだまだウェブの世界は広がるだろうと考え、そこで活躍できる自分になろうと思いました。IT企業で営業をしていたころから、心理学を取り入れたマーケティングに手ごたえを感じていたので、それを活かそうと考えたのです。

具体的には、ウェブサイトや配信メールなどで、読む人の心をつかむようなプロモーションを作り出せれば、売上に直接的に貢献できます。商品をセールスするための文章を作ったり、コンテンツを制作したり。そうしたスキルを提供することで、クライアントの売上を伸ばし、その一部を報酬としていただく。そういうビジネスを通して、多くのお金を稼げるようになりました。

もちろん、さらにステージを上げるための学びは続けています。僕にしかできない価値提供をもっと大きくすれば、もっと大きな対価を得られる、とわかっているからです。結局のところ、どういう自分になりたいのか、が大事です。僕がプロ野球選手に憧れたのは、彼らの生活がわかりやすくカッコよく見えたからです。今は、より多くの人々に価値提供して、より多くの人々を喜ばせることができる人間になりたい。だから、自己投資して必要なことを学び、価値に転換し、大きく稼ぎ、さらに、不動産などの投資も始めています。

人はなぜお金を使うのか？

人への投資ということを考えていくと、もうひとつ、重要なことに気づきます。それは、すべてのお金はだれかが持ってくる、ということです。

どんな業種の、どんなビジネスでも、お金はお客さんから入ってきます。会社同士のビジネスであっても、もとをたどれば必ずだれかのお金から始まっています。それがめぐりめぐって、給料という形で支払われるのです。

つまり、**自分のお金はすべて、だれかが使ったお金**、ということです。

お金に羽はついていません。いつも、だれかが持ってくるのです。だから、**お金をたくさん集めようとするよりも、人をたくさん集めたほうがいい**と考えることもできます。

そして、「もっとお金を使う」ということは、自分だけでなく、他の人にも当てはまります。つまり、もっと自分にお金を使ってもらえるようになるのです。

あなたがサラリーマンであっても、会社を経営していても、必ず人に満足してお金を使ってもらうことを考えなくてはいけません。どんなに素晴らしい商品やサービスでも、それに対してお金を使ってくれる人がいなければ、稼げないからです。

そう考えると、人はどんなことにお金を使うのだろうか、という疑問が浮かびます。

人はなぜ、何のために、人はお金を使うのか——なんだか哲学的な問いに思えるかもしれませんが、ふだんお金を使っている場面に置き換えると、ずっとわかりやすくなるはずです。つまり、何かを「買う」ときです。

だから、こう言い換えることができます——なぜそれを買うのか？

「それがほしいから」というのが当然の答えだと思います。では、なぜそれがほしいのでしょうか？　それを手に入れる目的は一体、何でしょうか？

わかりやすく、家で考えてみましょう。家を買うのは、家族で楽しく暮らすためとか、やっぱり賃貸じゃなくてマイホームがいいからとか、両親と一緒に住むことになったからとか、何かしら目的がはっきりしていることが多いはずです。

そうすると、ほしいのは「家」ではないことがわかります。家族と楽しく暮らしたいといった思いを叶えることが、家を買う本当の目的です。

つまり、**人がお金を使って手に入れたいのは「気持ち」であり「感情」**なのです。

もっと身近なものでも同じことが言えます。たとえばペン1本にしたってそうです。なぜそれを買うのか？　と聞かれれば「必要だから」と答えたくなるでしょうが、では、なぜ必要なのでしょうか？　仕事に使うから？　たしかにそうかもしれません。

なぜ家を買うのか？

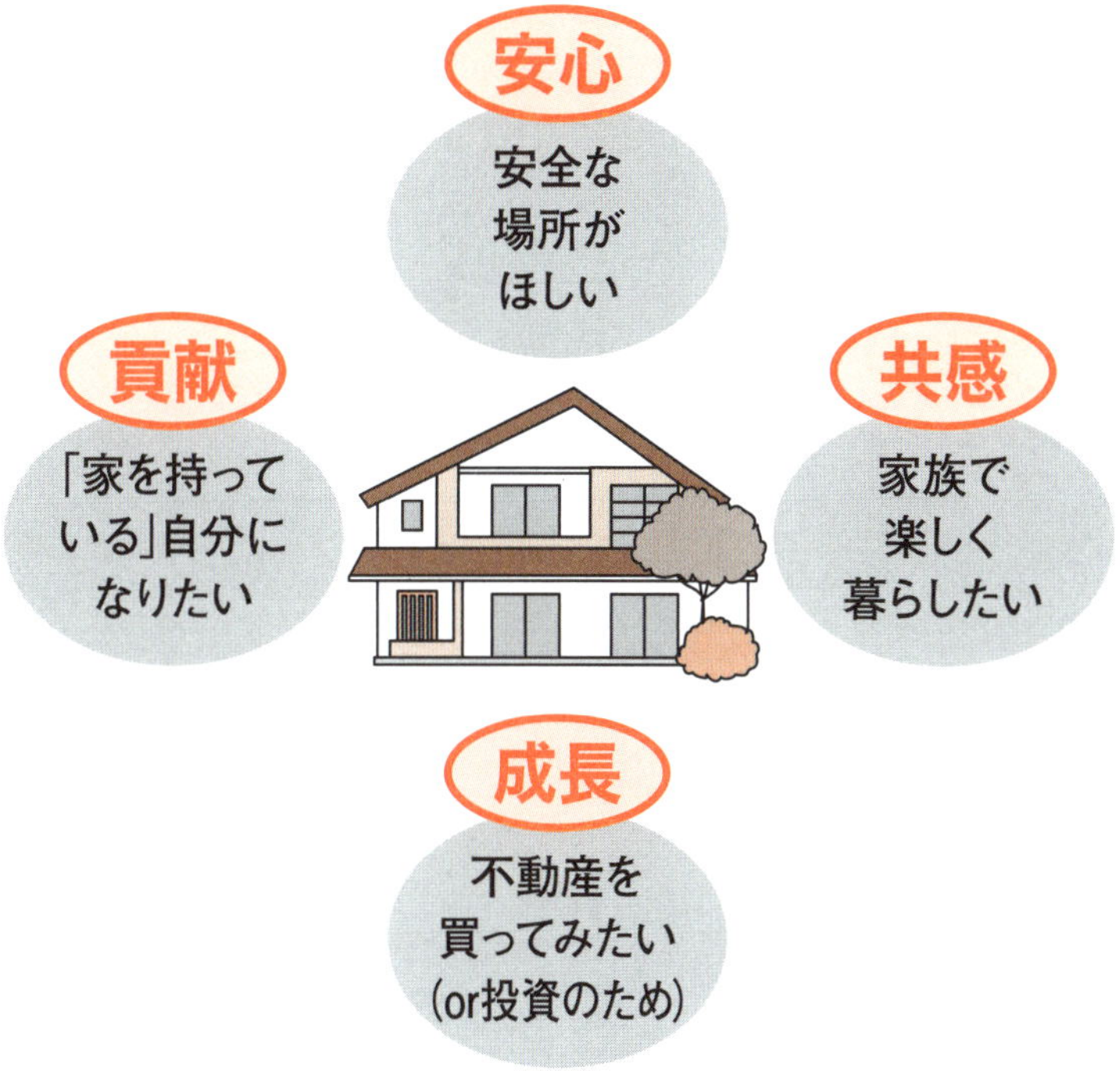
安心
安全な場所がほしい
貢献
「家を持っている」自分になりたい
共感
家族で楽しく暮らしたい
成長
不動産を買ってみたい(or投資のため)

本当にほしいのは感情

でも、仕事に使うことが目的なら、別に買う必要はありません。極論すれば、使う度にだれかに借りたっていいわけです。だけど、それは面倒だし、ペン1本も買えないやつと思われたくない……そういう感情を満たすために、ペンを買うのです。

人がお金を使うのは、次の4つの感情のためです。

- **安心**……生きるためにお金を使う
- **共感**……愛するためにお金を使う
- **成長**……学ぶため、経験するためにお金を使う
- **貢献**……自己重要感を満たすためにお金を使う

家を買う目的が「家族と楽しく暮らしたい」なら、それは「共感」を得るためだと言えるでしょう。「賃貸が嫌」な人は、家を所有することで「安心」を得たいのかもしれませんし、家を買えるという意味で「自己重要感」を求めているのかもしれません。

仕事に使うためにペンを買うのは、「安心」か「自己重要感」、もしくは「成長」のた

めという場合もありえます。いずれにしても、何を買うにしろ、それによってほしい感情は人それぞれです。

いずれにしても、**人がお金を使って本当にほしいのは、物ではなく感情**なのです。

あなたが本当にほしいもの

186

お金の上手な使い方をするには、「ほしい感情」を知ることが欠かせません。そうでなければ、どんなものを買っても感情が満たされることがなく、お金を無駄に使い続けてしまいます。

人がお金を使って得たい感情とは、言い換えると、不満や不快を解消することです。

「安心」は、「不安」を解消すること。
「共感」は、「寂しさ」を解消すること。
「成長」は、「退屈」を解消すること。
「貢献」は、「劣等感」を解消すること。

こういう負の感情をなくすために、人はお金を使って何かを買うのです。というよりも、何かを買うことで、こうした感情を打ち消そうとしているわけです。

すべての買い物、すべてのお金を使う行為が、たった4つの理由なはずがない、と思うかもしれません。でも、一見これらに当てはまらないものも、「なぜ?」という疑問を突きつめれば、この4つのどれかにたどり着くはずです。

たとえば家を買う場合なら、せっかくだから3階建てにしようとか、やっぱり広い庭がほしいとか、オール電化もいいかもしれない……などなど、あらゆる選択肢に心が惹かれることでしょう。

でも、広い庭をつくったけれど、まったく手入れをせずに放置しているような家もよく見られます。そういう無駄を避けるためにも、「なぜほしいのか?」を繰り返すことで、本当にほしい感情を知っておくことが大切なのです。

庭がほしい理由が「友人を招いてパーティーをしたい」なら、それによってどういう感情がほしいのか、どういう不安を解消したいのかを自問します。もし「寂しさ」を解消して「共感」を得たいなら、広いリビングのほうが適切かもしれません。

そうではなくて、広い庭を友人たちに見せつけて「自慢」したくて「劣等感」を払拭したいなら、つくった後もしっかりと手入れをしなければいけないことに気づくでしょう。それは無理だと感じたら、プールのほうがいいかもしれません。

「ほしい感情」を突きつめると、それを邪魔するものに気づけたり、ほかの選択肢に目が向いたりします。それによって無駄がなくなり、より賢く上手なお金の使い方ができるようになるのです。

これは、自分以外の人についても言えることです。自分の「稼ぐ」は、だれかの「使う」だと言いました。だから、だれかにお金を使ってもらいたければ、その人が本当に「ほしい感情」を知り、それを提供すればいいのです。

これはビジネスの基本とも言えます。でも、ビジネス以外の人間関係においても同じです。人への投資はお金がなくてもできる、と言った理由が、ここにあります。

人は、本当はお金がほしいのではありません。「安心」「共感」「成長」「貢献」という感情がほしいのです。もしくは「不安」「寂しさ」「退屈」「劣等感」から遠ざかりたいのです。だから、それらを満たしてあげることができれば十分な報酬になるのです。

たとえば、英語の勉強のために留学したいけれどお金がない、という友人がいたとき、代わりにお金を出してあげることはできなくても、英語を話せる知人を紹介することはできるかもしれません。そうすれば、友人は「成長」を得られ、いつの日かあなたに恩返しをしてくれるかもしれません。

どんなにたくさんのお金を持っていても、自分がほしい感情をわかっていなければ、一向に満たされません。反対に、ほしい感情がわかっていれば、必ずしもお金持ちをめざさなくていい、ということにもなるのです。

とにかくお金持ちになりたい

ほしい感情がわかれば、お金持ちをめざさなくてもいい——そう言うと、「でも、自分はどうしてもお金持ちになりたいんです」という人がいます。

そういう人の多くは、感情のためにお金を使うということが理解できたとしても、「お金さえあれば、どんな感情でも手に入れられる。だから、やっぱりお金持ちになりたい！」という考え方をしています。

たしかにお金は、あらゆることに有効活用できる貴重な「資源」です。でも、だからこそ、しょせん「道具」にすぎないのです。

もう一度、お金と包丁を比べてみましょう。どちらも有益な道具で、さまざまな使い道がある道具です。使い方によって人の人生を大きく左右する、という意味でも似ていて、どちらも慎重に使わなくてはいけません。

「とにかくお金持ちになりたい」ということは、つまり、「とにかくたくさんお金がほしい」ということです。

では、もし知り合いが「とにかくたくさん包丁がほしい！」と言ったら、あなたはどう思うでしょうか？「なんで？」「何に使うの？」「1本じゃダメなの？」「そんなにたくさん持って、どうするの？」……そんな疑問が浮かんでくるでしょう。

お金も同じことです。何のためにお金持ちになるのか、稼いだお金を何に使うのか、本当にそんなにたくさん必要なのか。そうした「お金持ちをめざす理由」を理解していなければ、ただお金を集めるだけになってしまいます。

その理由を知るには、自分がほしい感情を知ることが先です。お金持ちになってどうしたいのか、どういう感情を得るためにお金持ちをめざすのか。**決して、お金さえあ**

れば、どんな感情でも手に入れられるわけではありません。

「お金ですべてを解決することはできない」という表現はよく耳にすると思いますが、それよりも「**お金は何も解決してくれない**」と言ったほうが正しいのではないかと思います。

なぜなら、結局、お金を使うのは人だからです。

お金を銀行に積んでいるだけでは何も解決しませんが、お金をうまく使うことで避けられる不幸はあります。でも、お金そのものが、不幸を遠ざけてくれるわけではありません。不幸を遠ざけるようなお金の使い方をしてはじめて、意味があります。

「お金持ちになりたい」と言う人は、「お金」にばかり目が向いています。お金さえあれば何とかなる、そう本気で信じています。

でも、よくあるマンガのように、札束や金貨に体を埋もれさせることが目的ではないでしょう。どんなにお金がたくさんあっても、使わなければ何も得られないのです。だから、何に使うか、どう使うかを真剣に考えることが重要なのです。

何度も言うように、**お金は道具です。人は、それを使う立場にあります。**

お金にばかり気を取られていたり、お金に振りまわされたりしてはいけません。そういう生き方は、決して幸福とは呼べませんし、そもそも、そんな人生を望んでいる人などいないはずです。

単なるカネ持ちと真に豊かな人とは違うのです。**本当のお金持ちは豊かさをめざしていて、カネ持ち以外のヒト持ち、モノ持ち、をめざしている**のです。

自分はどんな人生を送りたいのか、どんな自分になりたいのか。そのために、お金という道具はどう役立つのか、どうやって活用するつもりなのか。お金の上手な使い方について知った今、ぜひ改めて考え直してみてください。

「死んだお金」をよみがえらせよう

お金は使ってナンボです。もちろん、安心の象徴として貯金があることを否定はしません。ですが、お金を使わないで貯金することが本当にあなたの幸せに直結しているのかが疑問だと言いたいのです。

使わないお金は、錆びた包丁のように、道具として「死んで」いるのです。

もちろん、生活に必要なお金や、結婚資金とか車を買うための貯金とか、そういう預金は一概に死んでいるとは言えません。しかし本当のところは貯金があれば安心というわけでもありません。（これについては、特典映像でくわしく説明しています）

ここであなたの記憶をたどってほしいのですが、しばらく手をつけていない銀行口座、あるいは、なんとなく続けている積立預金、残高がいくらなのかはっきりしない眠った口座、そんな口座はありませんか？　もしあるなら、残念ながら、それは眠っているのではなく、完全に死んでいるお金です。

同じ道具でも包丁であれば、まだコレクションということもありえますが、貴重な紙幣や硬貨でないかぎり、お金を収集することに意味はありません。文字どおりの「死蔵」なのです。

ただし、ありがたいことに生物と違って、**お金は生き返ります**。怪しげな呪文や秘薬は必要ありません。口座から下ろして使うだけ。これだけのことで息を吹き返し、また別の場所で活用される資源になります。

とはいえ、せっかくここまで「お金の上手な使い方」について考えてきたのですから、ぜひ「お金が増える使い方」をしてください。

家族や友人と食事に出かけてもいいし、ほしかった靴を買ってもいいし、何か習い事を始めてもいいでしょう。**どんなことに使うにしろ、それを投資（自己投資）にするのだという意欲をもって、必ずリターンを生むように使ってください。**

もしも、２００万円以上のお金が死んでいる人がいたら、迷わず（はじめてだと少しは迷うでしょうが）株式投資や不動産投資を始めることを考えてください。もちろん、損をしないための勉強も不可欠です。

最初は抵抗があるかもしれません。でも、そもそも死んでいたお金です。死んだままにしておくよりは、生き返らせて資源にしたほうが、自分へのリターンになる可能性があります。

たとえ自分にはリターンがなかったとしても、世の中にお金を戻したことで、どこかのだれかの懐を温めるはずです。あなたが使ったお金はすべて、だれかが稼ぐお金になるのですから。

そう考えると、**今手元にあるお金は、「預かっている」**と表現することもできます。

今は一時的に自分のところにあるけれど、そのうち使って、別のだれかのもとに行くことが、あらかじめ決まっているからです。

お金を「所有」していると考えると、なかなか手放すのが難しいでしょう。せっかく「自分のもの」になったのに、なんでだれかに渡さなければいけないんだ……と。でも、そもそも「自分のもの」にはなっていないのです。

お金は、だれのものでもないのです。

だから、お金本来の「交換」という価値が発揮されるように積極的に使いましょう。自分が使えば、だれかが受け取り、それがまた自分のもとに戻ってくる。お金は動き回ってはじめて価値を発揮します。交換しないお金は、その価値を発揮していないのですから。

198 「変わり者」の思考になろう

この本で紹介してきた「上手なお金の使い方」というのは、お金持ちの人にとっては、決して特別なことではありません。

自然に身についた人もいれば、だれかやどこかで学んで身につけた人もいるでしょうし、何かのきっかけで気づいた人もいるかもしれません。いずれにしても、とくに意識することなく、ごく当たり前のように考え、行動していることにすぎません。

では、お金持ちになれない人は、なぜそれができないのでしょうか？

理由のひとつは、そういう考え方があることを知らない、ということが挙げられると思います。残念ながら、今の学校教育では「お金の上手な使い方」を教えてくれません。

また、両親が知らないことを、子どもたちに教えることはできません。

でも、子どものうちから「お金はしょせん道具」であることを知っておくことは、とても大切なことです。それだけで、お金を追い求めたり、お金に振りまわされたりすることなく、対等な付き合い方ができる素地になるからです。

そうは言っても、今から子どもに戻ることはできません。もう大人になってしまった人への教訓になるのは、他の人と同じ考えと、行動のままでいたら、お金持ちにはなれないということです。

「お金持ち」の具体的な評価にはいろいろあるのですが、土地や建物などの不動産を含まない金融資産だけで見ると、1億円を超える世帯は、全国で約100万世帯と言われます。日本の総世帯数は約5200万なので、2%弱ということです。

年収で見た場合は、1億円以上の年収がある人は約1万1000人だそうです。

日本の人口は約1億2000万人なので、割合にすると0・009%。働いている人の数（就業者数）は約6200万人ですが、それでも約0・018%。約5000分の1です。

この人数が多いと思うか少ないと思うかは個人の感じ方次第ですが、この事実を知ることは重要です。

なぜなら、**年収1億円ほしいなら、周りの5000人と同じ感覚では、その金額は稼げない**ということなのです。

つまり、周りが全員お金持ち、という特殊な環境でないかぎり、ほかの大多数の人と同じように考え、同じように行動していてはダメなのです。「周りと違う」ということを怖れているようでは、そもそも少数派のお金持ちはめざせません。

よく「世の中の富の80％は、20％の人が持っている」と言われますが、これは人数ではなく金額をベースに計算しています。ともあれ、2割なら何とかできるかも、と思っ

めざすのはココ!!
(年収1億円以上)

たかもしれません。実際、働いている人の約18％が年収600万円以上です。600万円なら、たしかに現実的に思えてきますし、600万円は最初の目標にはいいかもしれません。

でも、この本を読んでいるあなたは、最終目標が年収600万円ではなく、1000万円、2000万円、5000万円、さらにその上の目標をめざしているのではと思っています。

年収1000万円以上なら、割合は4％、25人に1人です。クラスに1人か2人いる変わり者か、あるいは超頭のいいやつ、そんなイメージかもしれません。

つまり、お金持ちはそんな少数派なのですから、多くの人と同じような「お金を大事にする」という一般的な考え方ではいけません。

お金持ちのような「人を大事にし、モノを大事にし、時間を大事にする」という考え方をすることが、お金持ちになる第一歩だと思います。

カネなしの常識ではなく、カネもちのスタンダードを意識してみてください。

お金持ちになりたければ

周りと違った「変わり者」のように考えることは、お金持ちへの貴重なヒントになりますが、だからと言って、周りの人に受け入れられなかったり、嫌がられたりするのでは意味がありません。変わり者とは嫌われ者は、まったく違うのです。

この本でも何度も言っているように、人は大切な資源です。人に投資することは、自分が活用できる資源が増えることにつながるだけでなく、そこから得られるリターンには無限の可能性があります。

人から好かれる人になるなんて、あまりにも当たり前で、しかも精神論のように思えるかもしれません。しかし、結局のところ、お金は人が運んで来てくれるのですから、やっぱり人に好かれることは重要なのです。さらに当たり前のことですが、お客様に好かれるとビジネスは成功し、その結果、お金持ちになります。

そして、そのためにやるべきことが、必ずしも無償の行いでなくていい、ということです。

投資とは、リターンを求める行為です。リターンがあってはじめて、投資になります。だから、人に好かれるためにする投資も、リターンを期待していいし、実際にリターンがあったときには、ありがたく受け取っていいのです。

投資をした人には、そのリターンを受け取る資格があるからです。

そうは言っても、常に「お返し」ばかり期待することとは少々違います。それでは「人に好かれる」という目的を果たせていません。

人がお金を使うのは、「安心」「共感」「成長」「貢献」という感情を手に入れるためです。これはあくまで、お金を使ったことで手に入れられる感情であって、お金そのものに感情がついているわけではありません。

お金を道具だと割りきれない人は、お金そのものを「ありがたい」と思ってしまいます。だから、人にお金を使うのは、そのありがたい感情も一緒に渡してしまうように思えて、もったいない、お返しがほしいと思ってしまうのです。

でも、**本当にありがたいのは、人に対する気持ちであって、お金ではありません。**人にお金を使うことは、包丁を貸すのと同じように、道具として提供するだけのことで、お金に思い入れを持ちすぎて、お金に感情的に振り回されてはいけません。

お金に感情を乗せることは、お金にとらわれている証拠です。そういう使い方をしていては、カネばかりが気になって人が見えず、当然、人に好かれるはずもなく、結果的に、人という無限の可能性を持つ資源を増やすことができません。それどころか、いやしい人だと嫌われるのがオチでしょう。

お金と対等に付き合う、あるいは健全に付き合うことは、そのお金を使う相手に対しても、対等で、健全でいることです。

自分はたくさん包丁を持っているから、あるいは、相手よりもいい包丁を持っているから、どうぞ使って——そういう気持ちでお金を使っていれば、より多くの人から好かれ、より多くの資源を活用でき、より多くのリターンを受け取れるでしょう。

お金を上手に使うことは、お金を道具だと割りきることです。それは、お金から解放されること、とも言えるでしょう。もっと言えば、お金を忘れるのです。

なぜなら、人が本当にほしいのは気持ちであり感情だからです。お金は、それを手に入れるためのたんなる道具にすぎず、お金以外の道具（資源）を使うことでも、ほしい感情は手に入れられるからです。

お金持ちになりたければ、お金を忘れなさい——これを私たちからの最後のアドバイスにしたいと思います。

おわりに——現代のわらしべ長者

最後に、ここまでの話をまとめましょう。

冒頭にご紹介した昔話は、1本のわらしべが別の物に交換されていった結果、大きな家を手に入れた若者のストーリーでした。

この本をここまで読んでくれたあなたなら、現代のわらしべ長者になれるはずです。

まず、今までのあなたのお金は、何と交換をしてきたのかを考えてみてください。それが、今のあなたの生活を作っている大きな要因です。

そして今後は、あなたの理想とする人生を作るために、お金を何に交換するのかを考えてください。

めざすべきなのはお金持ちではなく、資源持ちだということです。つまり、ヒト・モノ・カネという3つの視点を持って、資源を集めていくということです。カネにフォーカスするのではありません。むしろ、ヒトやモノにフォーカスして、カネを、価値あるヒト・モノに転換していくことが大事なのです。

まずは、今あるお金を、ヒト資源としての自分自身の能力向上に使いましょう。自分のスキルや考え方（あり方）を向上させて、世の中に対して価値を提供していくのです。すると、収入が増えていきます。

その増えたお金をさらに、自分のスキルや考え方に交換していきましょう。そして、さらに大きな価値提供を世の中に対して行うのです。

でも、ある程度までは自分のレベルが上がったとしても、忙しくてこれ以上はきついな、というときが来ます。そうしたら、他人に投資をして時間を手に入れましょう。他人以外にも不動産や株式投資を行いましょう。

他の人への投資や不動産、株式への投資の共通点は、自分の時間を使わないときにも、代わりに価値を生んでくれるということです。

もちろん、他人に投資して協力を依頼するときは、こちらの都合だけでは通りません。相手のニーズを把握した上で、一緒にチームを組む、というのが重要な考え方です。すると、世の中に大きな価値が生まれて喜ぶ人が増え、さらに大きなリターンがあなたに返ってきます。

そのお金をさらに自分の経験、能力や他人に投資しましょう。さらに不動産や株、債券などにも投資しましょう。

このように、カネを、価値が高まるヒト、モノにどんどん交換していくのです。その結果として、あなたは必然的に多くの富を得ることができるのです。なぜなら、あなたはヒトを幸せにし、モノを大切にし、世の中に価値を提供することになるからです。

これが、現代のわらしべ長者になる方法であり、お金を活用して豊かになる本質です。

世間には、なんとか節約して貯金をすれば幸せになれると謳うものが多いですし、貯金自体は否定しません。ですが、使う目的なく貯め込むだけのお金では、あなたが本当に到達したい豊かさにはたどり着けない、と伝えたかったのです。

そして、シンプルにお金の交換方法を知ることができれば、あなたはもちろん、あなたに関わる人々もどんどん豊かになります。ぜひ本書を何度も読み、内容を実践してみてください。あなたの周りから豊かさの輪が広がっていくことを願っています。

スマートフォン、タブレット、パソコンで見られる!

読者限定【無料】特典映像の内容

95%の人は貯金で人生が破たんする!

ゼロから億万長者になり、お金を増やし続ける
お金持ちだけが知るお金の使い方とは?

収入とお金を増やし続ける3つの知恵

「誰も言わないお金の話」

を4つの映像、1時間8分で柴田博人が語る

左ページの専用サイトアクセスorCD-ROM映像で18分

1. 貯金するから豊かになれない(前編)

左ページの無料かんたん登録で50分の映像を追加

2. 貯金するから豊かになれない(後編)
3. お金が増えるお金の使い方(前編)
4. お金が増えるお金の使い方(後編)

※WEB編は、インターネットに接続の上、専用のウェブサイトに移動してご覧ください。

今すぐ読者限定【無料】映像を見るには

●以下に記載された①～③のいずれかの方法でご覧いただけます。

① 検索ボックスに「デキデキコム」を入力してサイトを検索

デキデキコム　検索

② 下記URLを直接入力して専用サイトにアクセス

dekideki.com

③ CD-ROMドライブ付きのパソコンで映像を見る

●Windowsをご利用の方

CD-ROMをコンピューターに挿入すると自動再生でソフトウェアが実行されます。
実行されない場合は、「forWin」をダブルクリック等で実行してください。

●Macintoshをご利用の方

「forMac」をダブルクリック等で実行してください。

※CD-ROM、検索、URL入力のいずれも同じ特典動画が視聴できます。

合計4つの映像の中から、1つの映像を本書付属のCD-ROMに収録しました。こちらはパソコンで見ることが出来ます。

◆CD-ROMの内容の一部または全部の複製および無断転載を禁じます。

⚠【警告】このディスクは「CD-ROM」です。

DVDプレイヤー、音楽プレーヤーでは絶対に再生しないでください。
大音量によって耳に障害を被ったり、スピーカーを破損する恐れがあります。

●動作環境　◆付録閲覧のためのインターネット接続（ADSL以上を推奨）

Windows

◆ソフトウェア　MicrosoftWindows XP、または Windows Vista、または　Windows 7、Windows Media Player 10以上

◆ハードウェア　Intel Pentium M 1.5GHz、または同等以上のスペックCPU、Windows XPで512MB以上、Windows Vista 及び Windows 7 で1GB以上のRAM、700MB以上のハードディスクの空き容量

Macintosh

◆ソフトウェア　Mac OS X 10.4 (Tiger) 以上、QuickTime7 以上

◆ハードウェア　Intel CPU、512MB以上のRAM(1GB以上を推奨) 700MB以上のハードディスクの空き容量

TEL:03-5219-1488　営業時間 月～金 午前9時～午後5時（土・日・祝日休み）
株式会社Ash　問合せメールアドレス　info@ash-inc.jp

略歴

柴田博人（しばた・ひろひと）

1968年、東京生まれ。建築工学科を卒業した後、住宅メーカーで歩合制の飛込営業を毎日100件以上行い、営業ノウハウを習得。26歳で独立し、企業間交渉や銀行融資、会計や法務などを学び、ユニークな経営思想を確立して会社を急成長させる。32歳で投資家としても実績を上げ、育児のため5年間のセミリタイア。子供の進学を機にビジネス界に復帰。その後1年半で7社の経営に携わり、創業したうちの2社は「日本一」の称号を持つ経営のプロ。不動産投資の専門家としても雑誌等の取材を受け、独自の理論を持ち、国内外の一等地に数多くの収益物件を保有。株式投資にも精通し、「株の学校ドットコム」を運営。監修した書籍には、『株の学校』（窪田剛著／高橋書店）、『心をひらく　あなたの人生を変える松下幸之助』（ジェームス・スキナー著／PHP研究所）などがあり、ビジネスと投資に精通するお金の専門家。

竹松祐紀（たけまつ・ゆうき）

1979年、長野県伊那市生まれ。千葉大学大学院自然科学研究科知能情報工学専攻修了後、IT企業に入社して営業職に就く。その後、フリーターを経てDeNAに転職するも、副業で始めたウェブサイトで年収1000万円を稼ぎ、26歳で独立。翌年、柴田氏に出会い、ビジネスパートナーとなる。伝統的な心理学に基づくマーケティング手法やライティング技術を生かし、ジェームス・スキナー氏や「株の学校ドットコム」など、現在までにプロデュースしたプロジェクトの売上は100億円を超える。2014年、柴田氏とともにヴァージン・ギャラクティック社の民間人宇宙旅行のチケットを手に入れる。また、アジアへの学校の寄付など社会貢献活動も積極的に行なっている。

装丁イラスト／江口修平
ブックデザイン・DTP ／ ISSHIKI
本文図版／朝日メディアインターナショナル

デキない人のお金《かね》の使《つか》い方《かた》
デキる人のお金《かね》の使《つか》い方《かた》

2016年4月9日　初版発行

著　者　柴田博人／竹松祐紀

発行者　小林圭太
発行所　株式会社ＣＣＣメディアハウス
〒153-8541　東京都目黒区目黒1丁目24番12号
電話　03-5436-5721（販売）
03-5436-5735（編集）
http://books.cccmh.co.jp

印刷・製本　大日本印刷株式会社

Printed in Japan
ISBN978-4-484-16206-5

CCCメディアハウスの本

定価には別途税が加算されます。

お金持ちの教科書
加谷珪一

絶対的な儲けのテクニックなど存在しないが、お金持ち特有の「思考パターン」や「行動原理」はある。多くのお金持ちと交流し、自らも富裕層の仲間入りを果たした著者が見出した《お金持ちの真理》とは。

●一五〇〇円　ISBN978-4-484-14201-2

大金持ちの教科書
加谷珪一

資産形成の方法、起業の秘訣、野心の持ち方、リスクの正しい取り方、時代を読む目……本気でお金儲けをするために身に付けておくべき《普遍的なノウハウ》とは。

●一五〇〇円　ISBN978-4-484-14238-8

これからのお金持ちの教科書
加谷珪一

情報がお金に換わる、もはや資本は必要ない、シェアリングエコノミーがもたらすもの、人工知能との共存……。来るべき新時代に「お金を制する者」になるために今から始めるべきこと。

●一五〇〇円　ISBN978-4-484-15225-7

30代で人生を逆転させる1日30分勉強法
石川和男

偏差値30の気持ちがわかる「資格の大原」の人気講師が、激務で三日坊主のあなたに伝授！　忙しいから、将来への不安は見て見ぬふり。今のままでいいのですか？　資格取得・スキルアップで人生逆転！

●一四〇〇円　ISBN978-4-484-12221-2

30代で人生を逆転させる残業0《ゼロ》の時間術
石川和男

本業だけで疲れきってない？　5つの仕事を掛け持ちする著者が編み出した、起床から通勤、ランチ、勤務中、就寝まで、1日の過ごし方を変え、人生を変える30のテクニック。

●一四〇〇円　ISBN978-4-484-15203-5